Duras, Le Clézio, Ray, Dumas/Moissard,
Damamme, Tournier

Rêve et Réalité

Contes et récits

Présentation par
Wolfgang Ader et
Gerhard Krüger

Ernst Klett Sprachen
Stuttgart

Duras, Le Clézio, Ray, Dumas/Moissard, Damamme, Tournier
Rêve et réalité

Herausgegeben von
Wolfgang Ader, Itzehoe und Gerhard Krüger, Uetersen,
unter Mitwirkung der Verlagsredaktion Neue Sprachen.

1. Auflage   1 ¹⁹ ¹⁸ ¹⁷ | 2011 10 09

Alle Drucke dieser Auflage können im Unterricht nebeneinander benutzt
werden, sie sind untereinander unverändert. Die letzte Zahl bezeichnet das Jahr
dieses Druckes.
© Ernst Klett Sprachen GmbH, Stuttgart 1990.
Alle Rechte vorbehalten.
www.klett.de

Redaktion: Dr. Rita Erdle-Hähner und Gérard Hérin, Verlagsredakteure.
Umschlagbild: Gabrielle Vincent *Frederico et Papouli* (© Casterman).
Umschlaggestaltung: Régis Titeca, Stuttgart.
Satz: Lihs, Satz und Repro, Ludwigsburg
Druck: Gutman + Co. GmbH, 74388 Talheim

ISBN 978-3-12-591580-0

Table des matières

	Rêve et réalité	4
Marguerite Duras	Notice biographique	6
	Vocabulaire thématique: Les analphabètes	7
	«Le mot lilas presque haut comme il est large»	8
J.-M.G. Le Clézio	Notice biographique	11
	Vocabulaire thématique: Le monde du travail . .	12
	Ô voleur, voleur, quelle vie est la tienne?	13
Hélène Ray	Notice biographique	21
	Jean de La Fontaine, *La Cigale et la Fourmi*	22
	La langue parlée familière	23
	Vocabulaire thématique: A l'école	24
	La cigale et la fourmi	25
Philippe Dumas/	Notices biographiques	35
Boris Moissard	Vocabulaire thématique:	
	Les mots clés du conte de Blanche-Neige	36
	La belle histoire de Blanche-Neige	37
	Vocabulaire thématique:	
	Connaissez-vous les chats?	42
Anne-Marie	Notice biographique	43
C. Damamme	*Un souvenir d'enfance*	44
Michel Tournier	Notice biographique	47
	Vocabulaire thématique: La prison	48
	Ecrire debout	50
	Vocabulaire de l'explication de texte	54

«Rêve et réalité» …

ist eine Sammlung von sechs Texten bekannter französischer Autoren der Gegenwart. Sie lassen ihre Helden im Spannungsfeld von Erwartungen an das Leben, dem Traum, und der konkret zu bestehenden Wirklichkeit im Alltag agieren, mit dessen Widersprüchen sie sich auseinandersetzen müssen. Während diese Gegensätzlichkeit bei einigen zu Desillusionierung und existentieller Bedrohung führt, gelingt es anderen, diese Diskrepanz aufzubrechen und eine Vorstellung von positiver Lebensgestaltung zu entwickeln. Doch liegt gerade auch im Scheitern der Helden die Möglichkeit zur Umorientierung, die Ausgangspunkt für einen Neuentwurf des Lebens sein kann.

Damit eröffnen die Texte den Lesern Denkanstöße anstatt vorschneller Rezepte zur Lebensbewältigung und fordern besonders Jugendliche ab 15 Jahren zur Diskussion heraus. Denn sie bewegen sich ja in diesem Alter häufig mit ihren idealistischen Forderungen an das Sein-Sollen im Spannungsfeld zwischen dem Traum von einer besseren Welt und der manchmal als unzureichend empfundenen Wirklichkeit.

Marguerite Duras interviewt als engagierte Journalistin eine Analphabetin. Sie macht sich zum Sprachrohr einer sozial Benachteiligten, schildert diese doch der Öffentlichkeit ihre Probleme bei der Bewältigung des Alltagslebens in unserer modernen Kommunikationsgesellschaft.

J.-M. G. Le Clézio nimmt das Schicksal eines Gastarbeiters zum Anlaß, um den sich zunehmend verschärfenden Gegensatz zwischen dem Traum von «wahrem Glück» und konkreter Alltagswirklichkeit als Ursache für dessen Scheitern aufzudecken. Darin liegt zugleich die Möglichkeit für eine Umkehr.

Philippe Dumas und **Boris Moissard** stellen in ihrer umgearbeiteten Märchenversion die Welt auf den Kopf und beleuchten aus dieser Perspektive kritisch das Rollenverständnis von Mann und Frau. Damit eröffnen sie dem Leser Perspektiven für ein anderes soziales Miteinander.

Hélène Ray hinterfragt aus der Sicht der Heldin Juliette, eines kleinen Mädchens, den Leistungsbegriff in unserer aktuellen Gesellschaft und dessen Stellenwert.

Anne-Marie Damamme beschreibt die behutsame Entstehung und das Scheitern einer Freundschaft aus der Perspektive eines kleinen Jungen. Seine Einstellung sollte als Denkanstoß dienen, das Wesen der Freundschaft zu erörtern.

Michel Tournier zeigt im Verlauf einer Diskussion mit Strafgefangenen den Gegensatz von Individualität und gesellschaftlicher Angepaßtheit auf, indem er die Verantwortlichkeit des Schriftstellers – und damit der Literatur – für die Fortentwicklung einer humanen Gesellschaft unterstreicht.

Um eine zügige Lektüre zu ermöglichen, geht jedem Text ein «Vocabulaire thématique» voraus, mit dessen Hilfe ein Teil des unbekannten Wortschatzes erarbeitet werden kann.
Die übrigen neuen Wörter sind am Seitenrand erklärt; die dem aktiven Wortschatz zugehörigen sind unterstrichen.
Was den Umfang der Worterklärungen betrifft, wird das Vokabular von *Echanges 4*, einschließlich der *Unité mobile 1*, als bekannt vorausgesetzt.

Erklärung der Abkürzungen und Zeichen

f	féminin	*fam*	familier	*vx*	vieilli
m	masculin	*pop*	populaire	*inv*	invariable
pl	pluriel	*litt*	littéraire	*Subj*	Subjonctif
→	voir	*langue enf*	langue enfantine		
≠	le contraire de				

Marguerite Duras

Notice biographique

Marguerite Duras, née en 1914 en Indochine (aujourd'hui le Viêt-Nam) perd très tôt son père. A l'âge de 18 ans, elle quitte l'Indochine pour s'installer en France où elle fait des études de droit et de mathématiques. Pendant la Deuxième Guerre mondiale, elle participe à la Résistance. Après la guerre, elle devient journaliste et travaille, entre autres, pour «L'Observateur».

En 1950, elle publie son premier roman «Un barrage contre le Pacifique», roman dans lequel elle traite les problèmes de son enfance et de sa jeunesse dans l'Indochine coloniale. Ces mêmes expériences se reflètent dans son roman «L'Amant» pour lequel elle a reçu le prix Goncourt en 1984. Dans son œuvre, elle combine le mot et l'image. Ceci se remarque également dans le scénario qu'elle écrivit pour le film d'Alain Resnais, «Hiroshima mon amour».

Dans les articles de journaux publiés dans le recueil «Outside», d'où est tiré le texte suivant, Marguerite Duras apparaît comme une femme engagée qui lutte pour aider à régler des problèmes politiques et sociaux.

Vocabulaire thématique: Les analphabètes

ne savoir ni lire ni écrire   weder lesen noch schreiben können

une infirmité   un handicap

se méfier (de qn)   ≠ avoir confiance (en qn)

craindre d'**être volé,e**   bestohlen/ d'**être trompé,e**   betrogen werden

rougir   devenir rouge

la timidité   Befangenheit, Hemmungen

vaincre sa timidité   lutter contre sa timidité

gêner (qn)   (jdn) stören/in Verlegenheit bringen

être fatigant,e   qui rend fatigué

faire perdre du temps   Zeit kosten

ne pas pouvoir rattraper le temps perdu   ne pas pouvoir regagner le temps perdu

avoir beaucoup de mémoire   ein gutes Gedächtnis haben

faire semblant de savoir lire   so tun, als ob

jouer sa chance   courir le risque (es darauf ankommen lassen)

Pourvu que ça ne se voie pas.   Hoffentlich sieht/merkt man es nicht! (**pourvu que** + *Subj.*   vorausgesetzt, daß)

avoir des difficultés à

– **se déplacer**   aller d'un endroit à un autre (→ la place)

– **l'embauche** [lãboʃ] *f*   Einstellung(sformalitäten)

– **remplir la fiche d'heures**   inscire sur une fiche combien d'heures on a travaillé

être obligé,e de dire la vérité   gezwungen sein

Informations géographiques

Amiens [amjɛ̃] ville dans le nord de la France

Romainville ville dans la région parisienne

la Somme nom d'un fleuve et d'un département dans le nord de la France

Les Lilas nom d'une petite ville entre Paris et Romainville et de deux stations de métro: Porte des Lilas et Mairie des Lilas.

«Le mot lilas presque haut comme il est large...»

large breit

Germaine Roussel, 52 ans, née à Amiens, ouvrière dans une usine de métallurgie de la région parisienne, habite Romainville depuis onze ans. Elle ne sait ni lire, ni écrire. Elevée à l'Assistance publique, puis placée chez des fermiers de la Somme, puis ouvrière d'usine, mère de deux enfants, seule à les élever, elle n'a jamais eu le «loisir» de rattraper le temps perdu. Nous avons essayé de vaincre notre timidité devant Germaine Roussel afin de la faire nous décrire son univers ou, si l'on veut, comme elle-même la nomme, son infirmité.

l'Assistance publique Fürsorge(amt)
un fermier celui qui a une ferme

afin de faire qc pour faire qc
l'univers *m* le monde

— *Y a-t-il des mots que vous reconnaissez sans savoir les lire?*
— Il y en a trois. Les mots des stations de métro que je prends tous les jours: Lilas et Châtelet, et mon
5 nom de jeune fille: Roussel.
— *Est-ce que vous les reconnaîtriez entre beaucoup d'autres?*
— Entre une vingtaine d'autres, je crois que je les reconnaîtrais.
10 — *Comment les voyez-vous, comme des dessins?*
— Si vous voulez, comme des dessins. Le mot Lilas, il est haut presque comme il est large, il est joli. Le mot Châtelet, il est trop allongé, je trouve qu'il est moins joli. Il est bien différent du mot Lilas à voir.
15 — *Lorsqu'il vous est arrivé d'essayer d'apprendre à lire, cela vous a paru difficile?*
— Vous ne pouvez pas vous rendre compte. C'est quelque chose de terrible.
— *Pourquoi surtout?*
20 — Je ne sais pas très bien. Peut-être parce que c'est si ... petit. Vous excuserez, mais c'est forcé, je sais pas non plus m'exprimer.
— *Il vous est très difficile de vivre à Paris, n'est-ce pas? de vous déplacer?*

allongé *ici:* long (in die Länge gezogen)

Je sais pas *fam:* Je **ne** sais pas

8

– Quand on a une langue, on peut aller à Rome.

– *Comment faites-vous?*

– Il faut demander beaucoup, et réfléchir. Mais vous savez, on reconnaît très vite, plus vite que les autres.
5 On est comme des aveugles, quoi, on a des coins où on se retrouve. Après, on demande.

– *Beaucoup?*

– Dix fois à peu près pour une course dans Paris quand je quitte Romainville. Il y a le nom des
10 métros, on se trompe, il faut revenir, demander encore, puis le nom des rues, des boutiques, les numéros.

– *Les numéros?*

– Oui, je sais pas les lire. Je sais bien les compter
15 dans ma tête, très bien pour ma paye et mes achats, mais je sais pas les lire.

– *Jamais vous ne dites que vous ne savez pas lire?*

– Jamais, je dis toujours la même chose, que j'ai oublié mes lunettes.

20 – *Quelquefois vous êtes obligée de le dire?*

– Quelquefois oui, pour les signatures, à l'usine, à la mairie. Vous voyez, toujours je rougis quand je dois le dire. Si vous étiez dans moi comme dans d'autres, vous comprendriez.

25 – *Et pour votre travail?*

– A l'embauche, je le dis pas. Chaque fois, je joue ma chance. Ça marche en général, sauf quand il y a les fiches d'heures à remplir tous les soirs. Sans ça, je fais semblant.

30 – *Partout?*

– Partout, au travail, chez les commerçants, je fais semblant de regarder les balances, les étiquettes. J'ai peur aussi qu'on me vole, qu'on me trompe, je me méfie toujours.

35 – *Dans votre travail même, cela vous gêne-t-il?*

– Non. Je travaille bien. Je suis obligée de faire attention plus que les autres. Je réfléchis, je fais très attention. Ça va.

– *Pour les achats de votre ménage?*

40 – Je sais toutes les couleurs de toutes les marques de produits que je me sers. Quand je veux changer de

un(e) aveugle [avœgl] une personne qui ne peut pas voir
un coin Ecke; *ici:* un endroit

la paye [pɛj] salaire d'un ouvrier

Si vous étiez dans moi Si vous étiez dans ma situation/à ma place

une balance instrument qui sert à peser

un ménage Haushalt
les produits que je me sers *pop:* les produits **dont** je me sers

marque, une copine m'accompagne. Après, je me rappelle des couleurs de la nouvelle marque. On a beaucoup de mémoire, nous autres.

   – *Quelles sont vos distractions, le cinéma?*

5 – Non. Le cinéma, je ne comprends pas. Ça va trop vite, je comprends pas leur parler. Et, surtout, il y a trop d'écritures qui descendent. Les gens lisent des lettres. Après, les voilà bouleversés ou contents, alors je comprends plus. Je vais au théâtre.

10 – *Pourquoi au théâtre?*

   – On a le temps d'écouter. Les gens disent tout ce qu'ils font. Il n'y a rien d'écrit. Ils parlent lentement. Je comprends un peu.

   – *Autrement?*

15 – J'aime la campagne, les sports à voir. Je ne suis pas plus bête qu'une autre, mais de pas savoir lire, c'est comme un enfant.

   – *Quand certaines gens parlent, à la radio par exemple, est-ce que cela vous gêne?*

20 – Oui, comme pour le cinéma. Les gens emploient des mots qui sont dans les livres. Si j'ai pas l'habitude de ces gens, de ces mots, il faut m'expliquer après, avec mes mots.

   – *Vous oubliez quelquefois que vous ne savez pas*
25 *lire?*

   – Non, j'y pense tout le temps dès que je suis dehors. C'est fatigant, ça fait perdre du temps. Pourvu que ça ne se voie pas, voilà ce qu'on pense tout le temps. On a tout le temps peur.

30 – *Comment?*

   – Je saurais pas vous dire. Il me semble que ça doit se voir, c'est pas possible.

Marguerite Duras, *Outside.* © P.O.L. éditeur, Paris.

---

se rappeler de qc *fam:* se rappeler **qc**

nous autres nous (im Unterschied zu denen, die lesen können)
la distraction ce qui amuse
les écritures qui descendent das Geschriebene, das die Leinwand hinunterrutscht/-gleitet
bouleversé erschüttert, verstört

autrement? *ici:* et à part ça?

mais de pas savoir lire mais si on ne sait pas lire

sembler paraître

J.-M. G. Le Clézio

Notice biographique

Jean-Marie Gustave Le Clézio est né le 13 avril 1940 à Nice d'un père anglais et d'une mère française.

Il fait des études de lettres et de philosophie, puis enseigne comme lecteur aux universités de Bristol et de Londres.

En 1963, à l'âge de 23 ans, il publie son premier roman «Le Procès-Verbal», pour lequel il reçoit le prix Renaudot.

Après son service militaire en Thaïlande, comme coopérant, il voyage au Mexique où il vit quelque temps auprès des Indiens. Cette expérience a largement influencé son œuvre et se reflète dans son essai «Le rêve mexicain ou la pensée interrompue». Dans tous ses textes, il met en cause la civilisation moderne, replaçant l'homme dans son environnement d'origine: la nature.

J.-M. G. Le Clézio a publié également des récits pour la jeunesse, par exemple «Lullaby», «Celui qui n'avait jamais vu la mer», et «La Ronde et autres faits divers», d'où est tiré le texte que voici.

Vocabulaire thématique: Le monde du travail

1. Un mauvais patron

vouloir **s'enrichir**   reich werden (→ riche)

être endetté,e   devoir de l'argent à une ou à plusieurs personnes

tout est **hypothéqué**   mit Hypotheken belastet

faire faillite [fajit]   Bankrott machen

encaisser un acompte [akõt] **sur un travail**   recevoir une partie de la somme due pour un travail (Vorauszahlung kassieren)

filer **sans prévenir**   sans le dire

s'installer **ailleurs** [ajœr]   à un autre endroit

2. Un ouvrier

être apprenti,e   faire un apprentissage avoir **un C.A.P.** (certificat d'aptitude professionnelle) Gesellenbrief

mener une vie paisible   ein friedliches Leben führen (→ la paix)

être **maçon** m   ouvrier qui construit les murs d'un bâtiment

le chantier   endroit où travaillent les maçons

une fourgonnette   Lieferwagen

refaire les circuits électriques m   neue elektrische Leitungen legen

installer les appareils ménagers/ l'éclairage m   die Haushaltsgeräte/ das Licht anschließen

faire les branchements m   die Leitungen verlegen

être **fourbu**   très fatigué (erschöpft)

3. Du chômage à la criminalité

se retrouver sans rien   ohne etwas dastehen

les allocations f **(de chômage)** Arbeitslosenunterstützung

avoir **des ennuis** m **de santé**   des problèmes de santé

prêter son travail à qn   jdm seine Arbeit leihweise überlassen

mendier   demander de l'argent aux passants dans la rue

avoir honte f   sich schämen

devoir **le loyer**   l'argent qu'il faut payer chaque mois pour l'appartement qu'on a loué

tourner mal   finir mal

finir par voler   schließlich stehlen

4. Les voleurs

forcer la serrure   das Schloß aufbrechen

casser **un carreau**   une vitre

une ventouse   *ici:* Glasschneider

porter **une cagoule**   Strumpfmaske **des gants** m   Handschuhe

emporter qc   prendre qc avec soi *ici:* voler qc

un objet de valeur f   Wertgegenstand

encombrant,e   qui prend beaucoup de place

emporter
– **la chaîne hi-fi**   Stereoanlage
– **l'argenterie** [larʒãtri] f   Tafelsilber
– **la pendule**   Wanduhr
– **les bijoux** m   Schmuck
– **des bibelots** [biblo] m   des petits objets curieux et décoratifs

laisser des traces f   Spuren hinterlassen

se faire repérer   être découvert

se faire attraper   sich erwischen lassen

un flic [flik] *fam*   un agent de police

Ô voleur, voleur, quelle vie est la tienne?

la tienne *ici:* ta vie

Dis-moi, comment tout a commencé?

Je ne sais pas, je ne sais plus, il y a si longtemps, je n'ai plus souvenir du temps maintenant, c'est la vie que je mène. Je suis né au Portugal, à Ericeira, c'était
5 en ce temps-là un petit village de pêcheurs pas loin de Lisbonne, tout blanc au-dessus de la mer. Ensuite mon père a dû partir pour des raisons politiques, et avec ma mère et ma tante on s'est installés en France, et je n'ai jamais revu mon grand-père. C'était
10 juste après la guerre, je crois qu'il est mort à cette époque-là. Mais je me souviens bien de lui, c'était un pêcheur, il me racontait des histoires, mais maintenant je ne parle presque plus le portugais. Après cela, j'ai travaillé comme apprenti maçon avec mon père,
15 et puis il est mort, et ma mère a dû travailler aussi, et moi je suis entré dans une entreprise, une affaire de rénovation de vieilles maisons, ça marchait bien. En ce temps-là, j'étais comme tout le monde, j'avais un travail, j'étais marié, j'avais des amis, je ne pensais
20 pas au lendemain, je ne pensais pas à la maladie, ni aux accidents, je travaillais beaucoup et l'argent était rare, mais je ne savais pas que j'avais de la chance.

Après ça je me suis spécialisé dans l'électricité, c'est moi qui refaisais les circuits électriques, j'ins-
25 tallais les appareils ménagers, l'éclairage, je faisais les branchements. Ça me plaisait bien, c'était un bon travail.

C'est si loin que je me demande parfois si c'est vrai, si c'était vraiment comme ça, si ce n'est pas
30 plutôt un rêve que je faisais à ce moment-là, quand tout était si paisible et normal, quand je rentrais chez moi le soir à sept heures et quand j'ouvrais la porte je sentais l'air chaud de la maison, j'entendais les cris des gosses, la voix de ma femme, et elle venait vers

plutôt eher

un gosse *fam* enfant

13

moi, elle m'embrassait, et je m'allongeais sur le lit avant de manger, parce que j'étais fourbu, et je regardais sur le plafond les taches d'ombre que faisait l'abat-jour. Je ne pensais à rien, l'avenir ça n'existait pas en ce temps-là, ni le passé. Je ne savais pas que j'avais de la chance.

Et maintenant?

Ah, maintenant, tout a changé. Ce qui est terrible, c'est que ça s'est passé d'un seul coup, quand j'ai perdu mon travail, parce que l'entreprise avait fait faillite. On a dit que c'est le patron, il était endetté jusqu'au cou, tout était hypothéqué. Alors il a filé un jour, sans prévenir, il nous devait trois mois de salaire et il venait juste d'encaisser un acompte sur un travail. Les journaux ont parlé de ça, mais on ne l'a jamais revu, ni lui ni l'argent. Alors tout le monde s'est retrouvé sans rien, ça a fait comme un grand trou dans lequel on est tous tombés. Les autres, je ne sais pas ce qu'ils sont devenus, je crois qu'ils sont partis ailleurs, ils connaissaient des gens qui pouvaient les aider. Au début j'ai cru que tout allait s'arranger, j'ai cru que j'allais retrouver du travail facilement, mais il n'y avait rien, parce que les entrepreneurs engagent des gens qui n'ont pas de famille, des étrangers, c'est plus facile quand ils veulent s'en débarrasser. Et pour l'électricité, je n'avais pas de C.A.P., personne ne m'aurait confié un travail comme ça. Alors les mois sont passés et je n'avais toujours rien, et c'était difficile de manger, de payer l'éducation de mes fils, ma femme ne pouvait pas travailler, elle avait des ennuis de santé, on n'avait même pas d'argent pour acheter les médicaments. Et puis un de mes amis qui venait de se marier m'a prêté son travail, et je suis allé travailler trois mois en Belgique, dans les hauts-fourneaux. C'était dur, surtout que je devais vivre tout seul à l'hôtel, mais j'ai gagné pas mal d'argent, et avec ça j'ai pu acheter une auto, une Peugeot fourgonnette, celle que j'ai encore. En ce temps-là je m'étais mis dans la tête qu'avec une fourgonnette, je pourrais peut-être faire

---

s'allonger se coucher (→ long)

le plafond Zimmerdecke
une tache d'ombre f Schattenfleck
un abat-jour Lampenschirm

se débarrasser de qn sich einer Person entledigen, jdn loswerden wollen
confier qc à qn jdm etw. anvertrauen (→ la confiance)

le haut-fourneau Hochofen
surtout que surtout parce que

14

du transport pour les chantiers, ou bien chercher des
légumes au marché. Mais après, ç'a été encore plus
dur, parce que je n'avais plus rien du tout, j'avais
même perdu les allocations. On allait mourir de
5 faim, ma femme, mes enfants. C'est comme ça que je
me suis décidé. Au début, je me suis dit que c'était
provisoire, le temps de trouver un peu d'argent, le
temps d'attendre. Maintenant ça fait trois ans que ça
dure, je sais que ça ne changera plus.   S'il n'y
10 avait pas ma femme, les enfants, je pourrais peut-être
m'en aller, je ne sais pas, au Canada, en Australie,
n'importe où, changer d'endroit, changer de vie …

Est-ce qu'ils savent?

Mes enfants? Non, non, eux ne savent rien, on ne
15 peut pas leur dire, ils sont trop jeunes, ils ne com-
prendraient pas que leur père est devenu un voleur.
Au début, je ne voulais pas le dire à ma femme, je lui
disais que j'avais fini par trouver du travail, que
j'étais gardien de nuit sur les chantiers, mais elle
20 voyait bien tout ce que je ramenais, les postes de
télévision, les chaînes hi-fi, les appareils ménagers,
ou bien les bibelots, l'argenterie, parce que j'entrepo-
sais tout ça dans le garage, et elle a bien fini par se
douter de quelque chose. Elle n'a rien dit, mais je
25 voyais bien qu'elle se doutait de quelque chose.
Qu'est-ce qu'elle pouvait dire? Au point où nous en
étions arrivés, nous n'avions plus rien à perdre.
C'était ça, ou mendier dans la rue …   Elle n'a
rien dit, non, mais un jour elle est entrée dans le
30 garage pendant que je déchargeais la voiture, en
attendant l'acheteur. J'avais tout de suite trouvé un
bon acheteur, tu comprends, lui il gagnait gros sans
courir de risques. Il avait un magasin d'électro-ména-
ger en ville, et un autre magasin d'antiquités ailleurs,
35 dans les environs de Paris je crois. Il achetait tout ça
au dixième de la valeur. Les antiquités, il les payait
mieux, mais il ne prenait pas n'importe quoi, il disait
que ça vaille la peine, parce que c'était risqué. Un
jour il m'a refusé une pendule, une vieille pendule,
40 parce qu'il m'a dit qu'il n'y en avait que trois ou

un acheteur → acheter

**un magasin d'électro-
ménager** magasin
où on peut acheter des
appareils ménagers
électriques
les environs m de Paris
région autour de Paris
valoir la peine être
rentable

quatre comme ça dans le monde, et il risquait de se
faire repérer. Alors j'ai donné la pendule à ma femme,
mais ça ne lui a pas plu, je crois bien qu'elle l'a jetée à
la poubelle quelques jours plus tard. Peut-être que ça

la poubelle Mülleimer

5 lui faisait peur.   Oui, alors ce jour-là, pendant que je déchargeais la fourgonnette, elle est arrivée, elle m'a regardé, elle a un peu souri, mais je
sentais bien qu'elle était triste dans le fond, et elle
m'a dit seulement, je m'en souviens bien: il n'y a pas
10 de danger? J'ai eu honte, je lui ai dit non, et de partir,
parce que l'acheteur allait arriver, et je ne voulais pas
qu'il la voie.   Non, je ne voudrais pas que
mes enfants apprennent cela, ils sont trop jeunes. Ils
croient que je travaille comme avant.   Main-
15 tenant je leur dis que je travaille la nuit, et que c'est
pour ça que je dois partir la nuit, et que je dors une
partie de la journée.

Tu aimes cette vie?

Non, au début je n'aimais pas ça du tout, mais main-
20 tenant, qu'est-ce que je peux faire?

Tu sors toutes les nuits?

Ça dépend. Ça dépend des endroits. Il y a des quartiers où il n'y a personne pendant l'été, d'autres où
c'est pendant l'hiver. Quelquefois je reste longtemps

Ça dépend. Das kommt
darauf an.

25 sans, enfin, sans sortir, il faut que j'attende, parce
que je sais que je risque de me faire prendre. Mais
quelquefois on a besoin d'argent à la maison, pour les
vêtements, pour les médicaments. Ou bien il faut
payer le loyer, l'électricité. Il faut que je me
30 débrouille.   Je cherche les morts.

Les morts?

Oui, tu comprends, tu lis le journal, et quand tu vois
quelqu'un qui est mort, un riche, tu sais que le jour
de l'enterrement tu vas pouvoir visiter sa maison.

l'enterrement *m* action
d'enterrer un mort (→ la
terre)

35 C'est comme ça que tu fais, en général?

Ça dépend, il n'y a pas de règles. Il y a des coups que
je ne fais que la nuit, quand c'est dans les quartiers

éloignés, parce que je sais que je serai tranquille. Quelquefois je peux faire ça le jour, vers une heure de l'après-midi. En général, je ne veux pas faire ça le jour, j'attends la nuit, même le petit matin, tu sais,
5 vers trois-quatre heures, c'est le meilleur moment, parce qu'il n'y a plus personne dans les rues, même les flics dorment à cette heure-là. Mais je n'entre jamais dans une maison quand il y a quelqu'un.

Comment sais-tu qu'il n'y a personne?

10 Ça se voit tout de suite, c'est vrai, quand tu as l'habitude. La poussière devant la porte, ou les feuilles mortes, ou bien les journaux empilés sur les boîtes aux lettres.

Tu entres par la porte?

15 Quand c'est facile, oui, je force la serrure, ou bien je me sers d'une fausse clé. Si ça résiste, j'essaie de passer par une fenêtre. Je casse un carreau, avec une ventouse, et je passe par la fenêtre. Je mets toujours des gants pour ne pas laisser de traces, et puis pour ne
20 pas me blesser.

Et les alarmes?

Si c'est compliqué, je laisse tomber. Mais en général, c'est des trucs simples, tu les vois du premier coup d'œil, tu n'as qu'à couper les fils.

25 Qu'est-ce que tu emportes, de préférence?

Tu sais, quand tu entres, comme ça, dans une maison que tu ne connais pas, tu ne sais pas ce que tu vas trouver. Tu dois faire vite, c'est tout, pour le cas où quelqu'un t'aurait repéré. Alors tu prends ce qui se
30 vend bien et sans problèmes, les télévisions, les chaînes stéréo, les appareils ménagers, ou alors l'argenterie, les bibelots, à condition qu'ils ne soient pas trop encombrants, les tableaux, les vases, les statues.

Les bijoux?

35 Non, pas souvent. D'ailleurs quand les gens s'en vont, ils ne laissent pas leurs bijoux derrière eux. Les

---

tranquille [trãkil] ≠ inquiet

le petit matin les premières heures du matin

la poussière Staub
les feuilles [fœj]
mortes feuilles (Blätter) des arbres qui sont tombées par terre
empilé(e)s posé(e)s les un(e)s sur les autres

un coup d'œil regard (Blick)
un fil [fil] *ici:* (Leitungs-) Draht

à condition que + *Subj.* vorausgesetzt, daß

17

bouteilles de vin, aussi, c'est intéressant, ça se vend
bien. Et puis les gens ne font pas très attention à
leurs caves, ils ne mettent pas de serrures de sûreté,
ils ne surveillent pas tellement ce qui se passe. Ensuite,
5 il faut tout charger, très vite, et puis partir. Heureusement que j'ai une voiture, sans quoi je ne pourrais pas
faire ça. Ou alors il faudrait que je fasse partie d'une
bande, que je devienne un vrai gangster, quoi. Mais ça
ne me plairait pas, parce qu'eux je crois qu'ils font ça
10 par plaisir plus que par besoin, ils veulent s'enrichir,
ils cherchent le maximum, faire le gros coup, tandis
que moi je fais ça pour vivre, pour que ma femme et
mes gosses aient de quoi manger, des vêtements, pour
que mes gosses aient une éducation, un vrai mé-
15 tier.   Si je retrouvais demain du travail, je
m'arrêterais tout de suite de voler, je pourrais de nouveau rentrer chez moi tranquillement, le soir, je m'al-
longerais sur le lit avant le dîner, je regarderais les
taches d'ombre sur le plafond, sans penser à rien, sans
20 penser à l'avenir, sans avoir peur de rien …
Maintenant, j'ai l'impression que ma vie est vide, qu'il
n'y a rien derrière tout ça, comme un décor. Les maisons, les gens, les voitures, j'ai l'impression que tout
est faux et truqué, qu'un jour on va me dire, tout ça est
25 de la comédie, ça n'appartient à personne.
Alors pour ne pas penser à cela, l'après-midi, je sors
dans la rue, et je commence à marcher au hasard,
marcher, marcher, au soleil ou sous la pluie, et je me
sens un étranger, comme si j'arrivais juste par le train et
30 que je ne connaissais personne dans la ville, personne.

Et tes amis?

Oh, tu sais, les amis, quand tu as des problèmes,
quand ils savent que tu as perdu ton travail et que tu
n'as plus d'argent, au début ils sont bien gentils, mais
35 après ils ont peur que tu ne viennes leur demander de
l'argent, alors …   Tu ne fais pas très attention, et un jour tu t'aperçois que tu ne vois plus personne, que tu ne connais plus personne … Vraiment
comme si tu étais un étranger, et que tu venais de
40 débarquer du train.

18

le maximum [mak-
simom]
tandis que [tãdi]
während, wohingegen

vide + plein, rempli

truqué *fam* gefälscht

le hasard Zufall
au hasard *ici:* n'importe
où

s'apercevoir que se
rendre compte que

débarquer *ici:*
descendre du train

Tu crois que ça redeviendra comme avant?

Je ne sais pas … Quelquefois je pense que c'est un mauvais moment, que ça va passer, que je vais recommencer mon travail, dans la maçonnerie, ou
5 bien dans l'électricité, tout ce que je faisais, autrefois … Mais aussi, quelquefois, je me dis que ça ne finira jamais, jamais, parce que les gens riches n'ont pas de considération pour ceux qui sont dans la misère, ils s'en moquent, ils gardent leurs richesses pour eux,
10 enfermées dans leurs maisons vides, dans leurs coffres-forts. Et pour avoir quelque chose, pour avoir une miette, il faut que tu entres chez eux et que tu le prennes toi-même.

Qu'est-ce que ça te fait, quand tu penses que tu es
15 devenu un voleur?

Si, ça me fait quelque chose, ça me serre la gorge et ça m'accable, tu sais, quelquefois, le soir, je rentre à la maison à l'heure du dîner, et ce n'est plus du tout comme autrefois, il y a juste des sandwiches froids,
20 et je mange en regardant la télévision, avec les gosses qui ne disent rien. Alors je vois que ma femme me regarde, elle ne dit rien elle non plus, mais elle a l'air fatigué, elle a les yeux gris et tristes, et je me souviens de ce qu'elle m'a dit, la première fois, quand
25 elle m'a demandé s'il n'y avait pas de danger. Moi, je lui ai dit non, mais ça n'était pas vrai, parce que je sais bien qu'un jour, c'est fatal, il y aura un problème. Déjà, trois ou quatre fois, ça a failli tourner mal, il y a des gens qui m'ont tiré dessus à coup de fusil. Je suis
30 habillé tout en noir, en survêtement, j'ai des gants noirs et une cagoule, et heureusement à cause de ça ils m'ont raté, parce qu'ils ne me voyaient pas dans la nuit. Mais une fois, c'est fatal, il le faut bien, ça arrivera, peut-être cette nuit, peut-être demain, qui peut
35 le dire? Peut-être que les flics m'attraperont, et je ferai des années en prison, ou bien peut-être que je ne pourrai pas courir assez vite quand on me tirera dessus, et je serai mort. Mort.   C'est à elle que je pense, à ma femme, pas à moi, moi je ne vaux rien,

avoir de la considération pour qn jdm Beachtung schenken

une miette Krümel

accabler qn rendre qn triste

avoir l'air fatigué müde aussehen

fatal zwangsläufig, unvermeidlich
Ça a failli tourner mal. Es wäre beinahe schiefgegangen.
tirer sur qn à coup de fusil [fyzi] mit dem Gewehr auf jdn schießen

je n'ai pas d'importance. C'est à elle que je pense, et à mes enfants aussi, que deviendront-ils, qui pensera à eux, sur cette terre?

Quand je vivais encore à Ericeira, mon grand-père
5 s'occupait bien de moi, je me souviens d'une poésie qu'il me chantonnait souvent, et je me demande pourquoi je me suis souvenu de celle-là plutôt que d'une autre, peut-être que c'est ça la destinée? Est-ce que tu comprends un peu le portugais? Ça se chantait
10 comme ça, écoute:

O ladrão! Ladrão!	Ô voleur, voleur!
Que vida é tua?	Quelle vie est la tienne?
Comer e beber	Manger et boire
Passear pela rua.	Se promener dans la rue.
15 *Era meia noite*	Il était minuit
Quando o ladrão veio	Quand le voleur est venu.
Bateu três pancadas	Il a frappé trois coups
À porta do meio.	A la porte du milieu.

J.-M. G. Le Clézio, *La ronde et autres faits divers.*
© Editions Gallimard, Paris.

une poésie un poème
chantonner qc à qn in jds Gegenwart vor sich hinsingen (→ chanter)
la destinée Schicksal, Bestimmung

Hélène Ray

Notice biographique

«Je suis née dans une région de France appelée le Maine, dans une famille d'enseignants. J'ai moi-même exercé cette profession pendant quelque temps.

J'étais fille unique... mais j'avais trois frères. Cette précision amènera peut-être mes lecteurs à penser que ma Juliette a trouvé dans ma propre jeunesse son caractère décidé. Je me demande s'ils ont raison.

J'adore l'humour, le cocasse, et même le burlesque.

Un de mes livres préférés est ‹Don Quichotte›.

Je vous prie d'excuser la brièveté de cette notice, mais... je n'aime pas du tout parler de ma vie personnelle. Goût du secret ou... désir de me protéger, je ne sais pas. Et puis, l'important n'est-il pas que mes lecteurs aiment ce que j'écris?»

Hélène Ray

Dans son récit «La cigale et la fourmi» que nous présentons ici, Hélène Ray fait allusion à la fable du même titre de Jean de La Fontaine, fable que vous trouverez à la page 22.

La Cigale et la Fourmi

    La cigale, ayant chanté
    Tout l'été,
    Se trouva fort dépourvue
    Quand la bise fut venue:
5 Pas un seul petit morceau
    De mouche ou de vermisseau.
    Elle alla crier famine
    Chez la fourmi sa voisine,
    La priant de lui prêter
10 Quelque grain pour subsister
    Jusqu'à la saison nouvelle.
    «Je vous paierai, lui dit-elle,
    Avant l'août, foi d'animal,
    Intérêt et principal.»
15 La fourmi n'est pas prêteuse:
    C'est là son moindre défaut.
    «Que faisiez-vous au temps chaud?»
    Dit-elle à cette emprunteuse.
    «Nuit et jour à tout venant
20 Je chantais, ne vous déplaise.»
    – «Vous chantiez? j'en suis fort aise:
    Eh bien! dansez maintenant.»

Jean de La Fontaine (1621–1695.)

---

une cigale Zikade – **une fourmi** Ameise – 3 **fort** *litt* très – **dépourvu,e** *litt* mittellos – 4 **la bise** un vent froid du nord ou de l'est – 6 **une mouche** Fliege – **un vermisseau** un petit ver – 7 **crier famine** *f litt* se plaindre parce qu'on n'a rien à manger – 9 **prêter qc à qn** donner à qn qc qu'il devra rendre plus tard – 10 **quelque grain** *litt* un peu de blé – **subsister** (pouvoir) vivre – 13 **l'août** [lu] *m ici:* la récolte – **foi d'animal!** auf Tierehrenwort! – 14 **l'intérêt** *m ici:* les intérêts (Zinsen) – **le principal** *ici:* le capital – 15 **ne pas être prêteux,-se** ne pas aimer prêter qc – 16 **un défaut** ≠ une qualité – 18 **un emprunteur, une emprunteuse** une personne qui demande qu'on lui prête qc – 19 **à tout venant** à tous ceux qui passaient – 20 **déplaire à qn** ≠ plaire – **ne vous déplaise** *litt* wogegen Sie sicher nichts einzuwenden haben! – 21 **j'en suis fort aise** *litt* j'en suis très content,e.

La langue parlée familière

Die familiäre gesprochene Sprache weist im Vergleich zur Standardsprache einige grammatische Besonderheiten auf. Dazu gehören zum Beispiel:

Standardsprache	Familiäre gesprochene Sprache	
Il faut penser au lendemain. **Il y a** eu un cri.	**Faut** penser au lendemain. **Y a** eu un cri.	Entfallen von *il* bei *il faut* und bei *il y a;*
Je **ne** comprends **pas**. Je **n'**ai **pas** compris. Ce **n'**est **pas** drôle.	Je comprends **pas**. J'ai **pas** compris. C'est **pas** drôle.	Entfallen von *ne* in der Verneinung;
Tu as vu? **Tu n'**as qu'à voir.	**T'as** vu? **T'as** qu'à voir.	Elison des *-u* von *tu* vor Vokal;
C'est moi **qui** avais raison.	C'est moi **qu'**avais raison.	Elison des *-i* von *qui* vor Vokal;
C'est moi qui te **le** dis.	C'est moi qui te **l'** dis.	Verschleifung des Pronomens *le* zu *l';*
Je m'amuse à faire des vers **avec ces mots.**	Je m'amuse à faire des vers **avec.**	Verwendung von *avec* ohne Ergänzung;
Vous avez dit **que** les pommes que je ramasserai seront pour moi.	Vous avez dit **si** les pommes que je ramasserai seront pour moi.	Einleitung des Gliedsatzes mit *si* statt *que;*
Edith a dit ... **Cette fille** m'énerve. J'aime bien **cette chanson.**	**Edith elle** a dit ... **Elle** m'énerve **cette fille.** **Cette chanson** je **l'**aime bien/ Je **l'**aime bien **cette chanson.**	Satzsegmentierung (→ *Etudes Françaises Grundgrammatik* §152).

23

Vocabulaire thématique: A l'école

Ce qu'il ne faut pas faire:

se moquer de **la maîtresse** l'institutrice

faire **le pitre** Clown

faire des raisonnements bêtes dumme Widerrede geben

dire **des gros mots** des mots qu'il ne faut pas employer

souffler qc à qn jdm etw. vorsagen

claquer la porte au nez de qn jdm die Tür vor der Nase zuschlagen

ridiculiser les autres lächerlich machen

Ce qu'il faut faire:

travailler **consciencieusement** gewissenhaft

s'appliquer ≠ être paresseux

se donner du mal sich anstrengen

réciter ses devoirs sans rire aufsagen

ranger **le placard** Wand-/Küchenschrank; *ici:* l'armoire de la classe

ne pas interrompre les autres ne pas couper la parole aux autres

s'habituer à attendre son tour sich daran gewöhnen

La cigale et la fourmi

Ce matin, la maîtresse nous a dit:
– Je vais faire une expérience avec vous, ça s'appelle un test.
  J'ai levé la main:
5 – Moi, maîtresse, je sais ce que c'est, vous allez chercher notre cui.
  Les camarades ont dit tout haut «cui». Un a dit: «C'est le cui-cui des petits oiseaux», et tous ils se sont mis à chantonner des cui-cui sur tous les tons.
10 Ça faisait un beau concert comme dans les bois.
– Taisez-vous, la maîtresse a dit. Le cui dont Juliette veut parler s'écrit comme ça.
  Au tableau, elle a écrit la lettre Q, et elle a dit «Q», et la lettre I, et elle a dit «I», «mais je vais pas vous
15 expliquer ce que c'est, vous êtes trop jeunes.»
  Quand elle a dit «Q», la maîtresse, Edith, mais elle m'énerve cette fille-là avec ses «oh là là!», elle a dit:
– Oh là là, la maîtresse elle a dit un gros mot.
  Luc, Luc il est près de moi mais dans l'autre ran-
20 gée, il s'est penché et il m'a dit:
– Moi, je sais bien l'écrire ce gros mot-là, parce que mon nom à moi, c'est le contraire ... mon frère, il me dit toujours: «Toi, t'es un cul à l'envers.»
– Je comprends pas.
25 – Regarde, si tu prends mon Luc à l'endroit, et il a écrit sur son cahier un *l*, un *u* et un *c*, ça me fait un cul à l'envers ... t'as qu'à voir.
  Et j'ai vu. (...)
  On trouve jamais ce mot-là dans nos livres. Alors
30 maintenant, je sais l'écrire. C'est toujours ça de pris, comme elle dit ma grand-mère ... (...)
  Et puis la maîtresse a dit:
– Voilà, je vais vous lire une histoire, une fable. Ça se passe entre deux petits animaux, une cigale et une
35 fourmi.

le cui *ici: homonyme de* «le Q.I.» = le quotient [kɔsjɑ̃] intellectuel (I. Q.)
un oiseau Vogel
chantonner leise vor sich hin singen
le cui-cui le bruit que font les petits oiseaux
le bois la forêt

Q *homonyme du mot* le cul [ky] *fam* = le derrière

une rangée Bankreihe
se pencher *ici:* se tourner vers qc

à l'envers umgekehrt, verkehrt herum (gelesen)

à l'endroit ≠ à l'envers (richtig herum)

C'est toujours ça de pris. Das ist immerhin schon etwas. Besser als nichts.

25

J'ai levé la main:

— Moi, maîtresse, je connais ça, les cigales, là où je suis allée en vacances une année, y en avait plein, et qui chantaient tout le temps, même que j'ai fait une
5 poésie là-dessus, je vais vous la dire.

Je me suis levée, j'ai mis mes mains derrière le dos et ...

— Juliette, elle m'a dit la maîtresse, veux-tu me faire le plaisir de t'asseoir, tu nous réciteras ta poésie
10 après. Pour l'instant, écoute cette jolie fable écrite par un monsieur qui s'appelait de La Fontaine, Jean de La ...

— Mon papa, il a un cousin qui s'appelle Jean, j'ai dit.

— Juliette, la maîtresse a dit, si tu mets tes ronds tout
15 le temps (mets tes ronds, ça veut dire que les mots qu'on dit empêchent l'autre de parler), tu iras te raconter tes histoires derrière la porte, tu m'entends?

J'ai plus mis mes ronds. (...)

Bon! Alors la maîtresse elle a pris son livre et elle
20 nous a lu la fable: *la Cigale et la Fourmi.* Je l'ai trouvée très jolie. Elle chante cette poésie-là. L'histoire est peut-être triste parce qu'on sait pas si la cigale va pas mourir de faim, mais je sais pas pourquoi, je trouve que l'air est gai, comme si ce monsieur de La
25 Fontaine l'avait écrit dans le soleil et le plaisir. Je voudrais bien pouvoir en écrire des comme ça. Peut-être quand je serai grande, je pourrai, parce que moi je voudrais être poète ou routier ... ça dépendra des choses de ma vie. Mais si je suis routier, je pourrai
30 faire des poésies tout en conduisant mon camion.

Ce qui m'a le plus plu dans cette poésie, c'est le «ne vous déplaise». «Je chantais, ne vous déplaise», on entend la chanson qui s'envole dans les airs.

Y a une chose que j'ai pas compris, c'est quand la
35 cigale dit: «Je vous paierai avant le loup mon foie d'animal.» Je vais vous raconter l'histoire comme la maîtresse elle l'a fait après l'avoir lue.

Voilà: c'est l'histoire d'une jolie petite cigale. Ça se passe pendant l'été. Il fait beau, il fait chaud, la petite
40 cigale est tout heureuse, elle chante parce qu'elle a le cœur content. Comme il fait toujours beau, elle

même que *pop* d'ailleurs
une poésie un poème

pour l'instant *m* pour le moment (vorerst, einstweilen)

si tu mets tes ronds [sitymɛterõ] *au lieu de*
si tu m'interromps [sitymε̃terõ]

un air une mélodie
gai,e [gɛ/ge] ≠ triste

s'envoler partir en volant

le loup [lu] (Wolf) *au lieu de* **l'août** (→ la fable)
mon foie (Leber) *au lieu de* **ma foi d'animal** (→ la fable)

chante toujours. Elle mange les vers qu'elle trouve sur la terre et les mouches qui volent. Jusque-là, tout va bien.

Hélas! voilà l'hiver qui vient. Il fait froid. La pau-
5 vre petite cigale ne trouve plus rien à manger et elle commence à avoir faim. Tout d'un coup, elle se frappe le front: «Que je suis bête, elle se dit, la fourmi est ma voisine, je vais aller lui demander de la nourri-ture, telle que je la connais, elle a dû entasser dans
10 son placard des tas de provisions. Je sais bien, elle est radin, mais tout de même, elle aura pas le cœur de me laisser mourir de faim.» Elle va chez la fourmi, elle frappe à sa porte: toc, toc, toc.

— Qui est là? dit la fourmi.
15 Et rien qu'à la voir, toute maigre et toute marron, je suis sûre qu'elle a une petite voix du nez, comme celle à la mère Touchâ.

— C'est votre voisine la cigale.
La fourmi elle ouvre même pas sa porte:
20 — Qu'est-ce que vous voulez?

— J'ai rien à manger, voudriez-vous me donner un petit quelque chose, sinon, je vais mourir de faim.
Alors la fourmi elle ouvre tout de même sa porte.

— Dites-moi un peu, madame la cigale, qu'est-ce que
25 vous faisiez pendant les chaleurs?
Alors la cigale, de sa jolie petite voix:

Nuit et jour, à tout venant
Je chantais, ne vous déplaise.

Ces deux vers-là, je les ai bien retenus, tellement je
30 les aime, ils sont comme une fumée rose qui monte dans le ciel. Et puis, c'est gentil de dire ça, au lieu de: «Occupez-vous de vos oignons!» C'est vrai que ça aurait pas été malin.

Alors la fourmi, je la vois comme si j'y étais, cette
35 vilaine bique de fourmi, elle lève la tête, elle se met les poings sur les hanches:

— Ah ah! vous chantiez, et pendant ce temps-là, moi, je trimais pour amasser des provisions. Vous chan-tiez, «j'en suis fort aise».

---

hélas! [elas] Oh weh! Leider (Gottes)!

telle que je la connais so wie ich sie kenne
entasser qc anhäufen, stapeln
un tas [ta] (de qc) Haufen, Menge
radin *inv fam* knickrig

rien que seulement (schon)
maigre ≠ gros,se
marron *inv une sorte de couleur brune*
le nez [ne] Nase
du nez näselnd
la mère Touchâ *une connaissance de Juliette*

retenir qc ≠ oublier
rose rosa
un oignon [ɔɲõ] Zwiebel
Occupez-vous de vos oignons! *fam* Occupez-vous de vos affaires!
malin, maligne *ici:* intelligent (schlau)
vilain,e méchant, désagréable
une bique *fam* une chèvre (Ziegel)
la hanche Hüfte
trimer *fam* travailler dur
amasser qc entasser qc (→ une masse)

27

Et ces mots-là, ils sonnent dur et méchant, et après elle dit: «Eh bien dansez, maintenant!»
Et vlan! elle lui claque la porte au nez.

La petite cigale s'en va, la tête basse, la queue entre
5 les pattes comme ils font les chiens quand ils sont pas fiers … Je sais pas si elles ont une queue les cigales … oh! elles doivent bien en avoir une, une toute petite quand même. La pauvre, elle va peut-être mourir, mais l'histoire le dit pas.

10 Alors la maîtresse a dit:
– La question que je vais vous poser, c'est celle-ci: qui a tort, la cigale ou la fourmi, ou toutes les deux? … Attention, je ne veux pas que vous me répondiez tout de suite. Il faut vous habituer à réfléchir. Vous
15 allez y penser aujourd'hui, demain, et, après-demain, vous me direz votre réponse.

Y en a quand même qui ont dit des choses. J'ai entendu Gérard:
– Pas besoin de réfléchir, c'est la fourmi qu'a raison,
20 la cigale elle avait qu'à travailler.
– Alors toi, j'ai dit, ça t'est égal si elle meurt.
– Tant pis pour elle, elle a qu'à se débrouiller, moi je ferais comme la fourmi, je donnerais rien.
– Ça m'étonne pas, négoïste comme t'es, et toujours
25 avec tes gros tas de sous.
– Idiote!
– Crétin!
– Et toi avec tes petites couettes, t'as l'air d'une chouette.
30 – Et toi avec tes petits yeux de cochon.
On s'est levés, on allait se flanquer une baffe, mais la maîtresse nous a séparés.

Le soir, à la maison, on a parlé de la fable. Mes parents et Gilles la connaissaient. Alors j'ai dit la
35 question de la maîtresse: qui a raison, la fourmi ou la cigale? Tout de suite papa a dit:
– J'espère bien que tu penses que c'est la fourmi.
– Eh ben non, justement.
– Moi aussi, je pense que c'est la cigale qui a raison,
40 Gilles a dit.

vlan! peng!

la tête basse mit gesenktem Kopf
une queue [kø] Schwanz
une patte la jambe/le pied d'un animal
fier, fière *ici:* content

avoir tort [tɔr] ǂ avoir raison

un négoïste *au lieu de* **un égoïste**
un sou 5 centimes
les sous *fam* l'argent
crétin,e idiot

une couette Haarschwänzchen
avoir l'air *m* **de** ressembler à (aussehen wie)
une chouette Eule
un cochon Schwein
flanquer une baffe à qn *fam* jdm eine knallen/kleben
séparer trennen

– Ça m'aurait étonné … Encore que Juliette se rende pas compte … mais toi! (et papa s'est croisé les bras) … alors, tu trouves normal que la fourmi qui s'est donné du mal pour amasser des provisions se prive
5 pour une cigale qui s'est amusée pendant tout l'été à pousser sa chansonnette?

Gilles a réfléchi un petit temps:

– Bon! d'abord, peut-être que la fourmi se priverait pas, puisqu'elle en a tellement amassé de provisions,
10 mais la cigale elle aussi a travaillé.

– Comment ça?

– Chanter, c'est travailler, c'est fatigant, et même que c'est pas si facile que ça.

– Eh bien non, mon petit ami, parce que la cigale a
15 chanté pour le plaisir.

– Oui, pour le plaisir des autres, et peut-être même que d'entendre ses chansons à la cigale, ça a donné du courage à la fourmi pour trimbaler ses trucs.

– D'abord la cigale c'est une artisse, j'ai dit, la
20 fourmi elle sait pas chanter, en tout cas moi, j'en ai jamais ent … de fourmi …

– Toi Juliette, je te prie de te taire, dans une discussion aussi grave que celle-là, tu n'as pas la voix au chat pitre …

25 Je sais pas ce que c'est cette sorte de chat pitre, mais j'avais pas la voix de ce chat-là.

– … ce que je veux dire, c'est que la cigale a chanté avant tout pour son plaisir à elle.

Et papa s'est frappé plusieurs fois la poitrine: «à
30 elle».

– Bien sûr, il fait beau, y a de la gaieté partout, elle chante son bonheur, elle est heureuse, et après?

– Eh bien non, mon petit ami, le travail c'est pas un plaisir, c'est moi qui te l'dis.

35 – S'il faut que ce soit un emmerd …

– Il s'agit pas que ce soit un emmerd … D'abord, je t'interdis de dire des gros mots! Le travail, c'est ce qu'il faut faire, que ça vous plaise ou que ça vous plaise pas, et ça c'est sacré. En plus, plaisir ou pas
40 plaisir, la fourmi a été prévoyante, et ça c'est bien, il faut penser au lendemain.

ça m'aurait étonné *ici:* ça ne m'étonne pas
encore que *ici:* il est clair que
se rendre compte *ici:* comprendre de quoi il s'agit
se croiser les bras die Arme verschränken (→ une croix)
se priver sich einschränken
pousser sa chansonnette (= petite chanson) *fam* chanter
même *ici:* sogar

trimbaler qc *fam* transporter qc, porter qc avec soi
une artisse *au lieu de* **une artiste** Künstlerin

grave *ici:* sérieux, important
un pitre un clown [klœn]
avoir la voix au chat pitre *au lieu de* **avoir voix au chapitre** avoir le droit de donner son avis

la poitrine Brust

la gaieté [gete] la joie, le plaisir de vivre (→ gai,e)

un emmerdement [ɑ̃mɛrdəmɑ̃] *fam* un gros ennui (Sch …)
il ne s'agit pas que es geht nicht darum, ob
que … ou que + *Subj.* ob … oder ob
sacré,e heilig

Alors moi, tant pis pour la voix du chat pitre, j'ai dit:

— Eh ben non, faut pas penser au lendemain, faut faire comme les petits zazous du ciel.

— Les petits zazous du ciel? Qu'est-ce que c'est que
5 ça? papa a demandé.

— Oui, c'est grand-mère qui me l'a expliqué un jour après la messe, que les petits zazous du ciel …

Maman et Gilles se sont mis à rire, et vraiment, ils avaient pas l'air fin. J'ai bien vu qu'ils n'y connais-
10 saient rien à cette histoire.

— C'est pas drôle, j'ai dit, parce que vous le savez peut-être pas, mais c'est Jésus qui l'a dit, que les petits zazous du ciel ils se tracassaient pas pour le lendemain et qu'ils avaient bien raison.

15 Tous ils riaient, (…) même Bertrand qui n'y compre-nait rien. Pour finir, c'est bien moi qu'avais raison, à part que c'étaient pas les zazous du ciel, mais les oiseaux. Tellement rire pour si peu, faut pas être malin.

— Les mots, ça n'a pas d'importance, j'ai bien dit la
20 vraie idée.

Quand ils ont été calmés, maman a dit:

— Oui, tu as raison, Jésus a bien dit cela, c'est rap-porté dans un Evangile.

Papa a secoué la tête:

25 — Eh bien, Jésus manquait un peu de sens des réa-lités, et puis ça, c'est de l'ancien temps, c'est plus valable. Au jour d'aujourd'hui, voilà ce qui se passe: tu te balades, tu chantes, t'as pas d'argent, et tu viens dire aux gens: «Nourrissez-moi», ça, ça marche plus.

30 — Parce que les gens sont des négoïstes, j'ai dit.

— C'est pas la question. Faut bien vous mettre ça dans la tête, vous les jeunes, c'est qu'il y a tout de même un devoir, c'est d'assurer sa subsistance. Vous êtes libres de travailler ou de pas travailler, d'accord,
35 mais vous êtes libres aussi de crever de faim.

— D'ailleurs, maman a dit, Jésus a ajouté: «A chaque jour suffit sa peine.»[*]

— Ah! vous voyez, «sa peine», chaque jour se donner du mal, faire un effort, Jésus avait tout de même du
40 bon sens.

[*]A chaque jour suffit sa peine. *Proverbe:* Jeder Tag hat seine Plage.

---

les zazous *au lieu de* **les oiseaux** *m* Vögel

la messe katholischer *Gottesdienst*

fin,e *ici:* intelligent, malin

Jésus [ʒezy]

se tracasser s'inquiéter

à part que außer daß

(il ne) faut pas être malin *ici:* ils sont vrai-ment bêtes

rapporter qc *ici:* dire, raconter

secouer qc schütteln

je manque de qc es fehlt mir etw.
le sens [sãs] Sinn
valable gültig
se balader *fam* se promener
nourrir qn donner à qn à manger et à boire (ernähren)

la subsistance Lebens-unterhalt (→ subsister)

crever *fam* mourir

la peine Mühe
le bon sens der ge-sunde Menschenver-stand

Pour en revenir à la fable, Gilles a dit:

– Trimer tout l'été pour pouvoir bouffer pendant l'hiver, comme elle fait la fourmi, recommencer l'été après, c'est tout de même pas une vie.

bouffer *fam* manger

5 – C'est vrai, maman a dit, et j'ai bien l'impression que l'on fait comme la fourmi. On est là, boulot, boulot, on amasse pour le lendemain, mais le jour du présent on ne le vit pas, tant de belles choses dont on ne profite pas qui nous donneraient du bonheur et de 10 beaux souvenirs. Faudrait pas, non vraiment, faudrait pas.

le boulot *fam* le travail

On a rêvé un moment dans le silence à ce que maman venait de dire. Et puis Gilles:

– Mais dans la maison on a une cigale …

15 On a levé la tête: une cigale?

– … oui, notre cigale, c'est papa.

– Ça m'aurait étonné que tu cherches pas encore à me ridicul …

– Ecoute, est-ce qu'on n'entend pas souvent monter 20 de tes cuisines ta belle voix de marmiton?

Je sais pas si c'est une voix de marmiton qu'il a mon papa, mais c'est vrai qu'il chante en travaillant. […]

le marmiton (Küchengehilfe) *au lieu de* **le baryton**

– Ah bon! si c'est ça, papa a dit … mais moi, je suis 25 une cigale qui travaille, je chante tout en travaillant.

– Tu chantes tout de même pour le plaisir de chanter.

– Non, je chante parce que le travail est pour moi un plaisir, je chante le plaisir du travail.

30 – En somme, Gilles a dit, y a le plaisir sans travail, le travail sans plaisir, et le plaisir du travail, mais comme là où il y a de la peine y a pas de plaisir, que le travail c'est une peine, le mieux c'est le plaisir sans travail …

35 – Fiche-nous la paix avec tes raisonnements à la noix … on discutera de ça plus tard quand tu devras gagner ta croûte.

Fiche-nous la paix Laß uns in Frieden/Ruhe!
à la noix (Nuß) *fam* bête, sans aucun sens
gagner sa croûte *fam* gagner l'argent qu'il faut pour vivre

Je réfléchis souvent à cette fable, à ce que maman a dit, et je peux pas m'empêcher de penser que la 40 fourmi est une sale bique, que la cigale est gentille, en plus elle est une artisse, donc c'est elle qui a rai-

son. J'aime répéter les «ne vous déplaise», et «j'en
suis fort aise.»; je m'amuse à faire des vers avec.

Ce soir, j'ai pas entendu maman m'appeler pour le
dîner et je suis arrivée en retard. Alors papa:

5 – Juliette, pourquoi t'es pas descendue quand ta
mère t'a appelée?

J'ai répondu:

> *Dans ma chambre, allant, venant,*
> *Je rêvais, ne vous déplaise.*

10 – Je ne plaisante pas, Juliette, j'aime qu'on obéisse.   **obéir à qn** faire ce qu'il
Et moi: veut qu'on fasse

> *Vous aimez? J'en suis fort aise,*
> *Eh bien, mangeons maintenant.*

– Ça suffit, je commence à en avoir plein le dos de   **en avoir plein le dos**
15 cette cigale.   *fam* en avoir assez

Demain, la maîtresse va nous demander notre avis.
Je voudrais bien que … à part Gérard, celui-là faut
pas y compter, que mes camarades pensent comme
moi. Antoinette est pas trop décidée. Son père lui a   **ne pas être trop déci-**
20 dit qu'il en avait ras le bol de ces cigales de mainte- **dé,e** noch unentschlos-
nant qui gueulent et qui sont des bons à rien.   sen sein
– Mais Antoinette, chanter, c'est beau, la cigale est   **en avoir ras le bol**
une artisse.   [ralbɔl] *fam* en avoir
– Artisse ou pas, faut tout de même gagner sa croûte.   assez
25 La discussion s'est passée ce matin dans la classe,   **gueuler** [gœle] *fam*
et je vous dis pas tout de suite le résultat.   crier, chanter (fort)
                                                         un bon à rien
Au commencement, beaucoup étaient pour la   Taugenichts
fourmi, sûrement c'étaient leurs parents qui leur
avaient soufflé ça. Y en avait un petit peu pour les
30 cigales, et d'autres qui savaient pas. Moi, ça m'a exci- **exciter qn** erregen
tée, et j'ai défendu la cigale, à fond. La maîtresse m'a **défendre qn** verteidi-
bien écoutée, mais je crois que, elle aussi, elle était   gen
pour la fourmi.   **à fond** gründlich

– Ce que tu as dit, Juliette, est très intéressant, mais
35 pour que vous réfléchissiez bien à la question, je vais
vous donner un exemple où il s'agira pas d'animaux,
mais de vous. Comme ça, vous verrez mieux le problème. Ecoute bien, Juliette, c'est surtout à toi que je
m'adresse, et réfléchis bien. Voilà l'exemple: On est
40 là tous ensemble dans une maison à la campagne. A

32

côté, y a un champ plein de poiriers avec des poires magnifiques, aux arbres, sur l'herbe, plein. Je vous dis: «Nous avons le droit d'en prendre autant que nous voulons.» Je donne un panier à chacun, et on
5 part dans le champ. Une fois que vous y êtes, qu'est-ce que vous faites?

Estelle a levé la main. Estelle est une petite fille tout ce qu'il y de plus gentil et qui fait toujours ce que la maîtresse a dit.

10 – Moi, je m'appliquerai bien, je ramasserai le plus possible de poires et je les mettrai dans mon panier.

– Bien, et toi Luc?

– Moi, j'en ramasserai, mais pas trop pour que mon panier il soit pas trop lourd. (Tu comprends, il m'a
15 dit, je suis déjà trop lourd pour moi, alors …)

Gérard a levé la main:

– Maîtresse, vous avez dit si les poires que je ramasserai elles seront toutes pour moi.

– Oui, bien sûr, chacun gardera pour soi les poires de
20 son panier.

– Alors, j'en ramasserai le plus que je pourrai, un gros tas, (…) et je les tasserai bien dans mon panier.

Presque tous ont dit qu'ils feraient leur petit travail bien consciencieusement. Gérard s'est tourné
25 vers moi et s'est gratté le menton:

– T'es battue, ma vieille.

– Attends mon vieux, j'ai encore rien dit.

– Et toi Juliette? la maîtresse a demandé, qu'est-ce que tu feras?

30 – Moi, je ramasserai rien.

– Rien? pas une seule poire?

– Non, maîtresse.

– Mais alors, quand tu reviendras à la maison avec ton panier vide, tu n'auras pas de poires à manger.

35 – Ça me sera égal, j'aurai plus faim.

– Comment ça?

– Parce que moi, pendant que tous les autres ils se seront fatigués à ramasser des poires, moi j'aurai cueilli les plus belles et je les aurai mangées.

40 – Bon! mais plus tard, tu n'auras plus rien, pas de réserves.

---

un poirier un arbre dont le fruit est la poire
magnifique très beau
plein *ici:* partout
un panier Korb
chacun,e jede(r) (einzelne)

tout ce qu'il y a de plus gentil extrêmement gentil,-le
ramasser qc prendre qc qui est par terre

tasser qc zusammendrücken; *ici:* entasser

se gratter sich kratzen

vide ≠ plein

cueillir qc (je cueille) pflücken

33

– J'aurai de la réserve dans mon ventre, et après, les poires des autres, elles seront pourries, alors ça m'intéressera plus.

Tous, ils m'écoutaient bien. Gérard ricanait un petit coup de temps en temps.

– Tu penses vraiment, Juliette, que tu auras eu raison?

– Oui, maîtresse, parce que j'aurai passé un bon moment de bonheur, je me serai bien régalée, tout en chantant, en m'amusant à faire des galipettes dans l'herbe, pendant ce temps-là mes copains, tout pliés en deux, ils se seront bien fatigués à remplir leurs paniers.

Y a eu un silence. Et puis la maîtresse:

– Qu'est-ce que vous en pensez, les enfants?

Presque tous ils ont crié: «Nous aussi, on aurait fait comme Juliette», même Estelle, mais pas Gérard. Et on s'est tellement amusés à dire les avantages qu'on aurait: que les poires c'était bien meilleur de les manger à l'air et dans les champs, et qu'il valait mieux se régaler tout de suite, que les poires ça se gardait pas longtemps, et qu'avec cette solution-là, on n'aurait pas de mal à porter nos paniers, qu'on garderait toutes nos forces, pour recommencer le lendemain, et c'est tes rats, et toutes les galipettes que l'on ferait, et c'est tes rats, et c'est tes rats.

Quand la maîtresse a demandé: «Qui a raison: la cigale ou la fourmi?» y a eu un cri: «La cigale.»

La maîtresse a ri. Elle a dit qu'elle s'attendait pas à cette réponse-là, mais que son exemple il était peut-être pas bien choisi.

– Si, maîtresse, j'ai dit, il est bien choisi, puisqu'on est tous contents … il y a plus que ce pauvre Gérard qui restera avec ses poires pourries …

Il s'est levé, et il a voulu me flanquer une baffe. Mais Luc s'est mis devant:

– Hé dis donc, mon vieux, garde-le bien, ton panier de poires, quelquefois qu'on t'en prendrait.

Collection «Point-Virgule»:
Hélène Ray, *Cherche souris pour garder chat.*
© Editions du Seuil, Paris.

---

le ventre Bauch

pourrir (ver)faulen

ricaner *fam* grinsen, hämisch lachen
un petit coup un peu

se régaler 1. manger qc qu'on aime; 2. s'amuser beaucoup
une galipette *fam* Purzelbaum
être plié,e en deux travailler très dur

un avantage Vorteil

et c'est tes rats [ɛsɛtera] *au lieu de* etc

s'attendre à qc etw. erwarten, mit etw. rechnen

Philippe Dumas
Boris Moissard ▶

Notices biographiques

Philippe Dumas est né à Cannes en 1940. Au lycée, il est ce qu'on appelle un «mauvais élève». Ensuite, il «monte» à Paris pour faire des études à l'Ecole des Métiers d'Art d'abord, puis à celle des Beaux-Arts. Après ses études, il est peintre et écrivain. Il écrit de petits livres pour enfants dont il rédige les textes et fait les illustrations.

Dans ces premiers textes, il parle de ses propres aventures de jeune homme; il en raconte les épisodes les plus amusants.

En 1976, avec la publication de «Laura», «La Terre-Neuve d'Alice», «La petite Géante» (Editions L'école des Loisirs) et de «L'Histoire d'Edouard» (chez Flammarion), il connaît enfin le succès: les livres cités, et d'autres qu'il publie par la suite, sont traduits en plusieurs langues.

Le recueil des «Contes à l'envers», dont nous avons tiré le récit que nous présentons, est, comme l'ensemble de son œuvre, un ouvrage pour la jeunesse. Ce recueil est devenu entre-temps, en France, un classique du genre.

Philippe Dumas est, actuellement, un des plus importants auteurs contemporains pour la jeunesse. Ses livres sont même étudiés dans les écoles. Quelle belle revanche, pour le «cancre» qu'il fut autrefois!

Boris Moissard est né en Normandie en 1942. Après ses études, il devient écrivain.

Parisien maintenant, et spécialisé dans la littérature pour la jeunesse, il est surtout connu pour le recueil des «Contes à l'envers» qu'il a écrit en collaboration avec Philippe Dumas.

Vocabulaire thématique:
Les mots clés du conte de Blanche-Neige

Blanche-Neige, — Schneewittchen
une fille **mignonne** (*m:* mignon) — charmant,e; joli,e
et d'une grande **modestie;** — Bescheidenheit; ≠ la prétention

sa **belle-mère,** — Stiefmutter
une femme **remarquable,** — qui attire l'attention
qui **se distingue par** sa grande beauté; — sich auszeichnen durch
le **miroir magique** qui dit — Zauberspiegel
chaque jour à la belle-mère qu'elle est
sans aucun doute la plus belle femme du — ohne jeglichen Zweifel
pays;
le jour où elle apprend que Blanche-Neige est
plus belle qu'elle et où elle décide de la
supprimer; — *ici:* tuer
l'homme qui **est chargé de** la tuer — (qui) reçoit l'ordre de
et qui dit à **sa** jeune **victime** — Opfer
de **se réfugier** dans la forêt; — sich flüchten
Blanche-Neige qui **s'enfonce dans** la forêt et — (qui) va vers le fond de
atteint **une clairière** où il y a une petite mai- — un endroit sans arbres
son **entourée d'un jardin;** — avec un jardin autour
Blanche-Neige qui y entre, mange quelque
chose et s'endort devant **la cheminée;** — offener Kamin
les propriétaires *m* de la maison, — ceux à qui est la maison
sept **nains** *m* qui s'étonnent de cette visite — des hommes très petits
imprévue, — inattendu,e
qui finissent par lui proposer — qui, finalement, lui proposent
de rester avec eux et de **faire leur ménage,** et — de nettoyer leur maison
voilà Blanche-Neige avec **la serpillière** — Aufnehmer, Feudel
et **le balai-brosse;** — Schrubber
la belle-mère qui a appris que Blanche-Neige
n'est pas morte, qui **est désireuse de la tuer,** — (qui) désire la tuer
qui se déguise en **bûcheronne,** va dans la — Holzsammlerin
forêt et **fait semblant de chercher** du bois; — fait comme si elle cherchait
la pomme **empoisonnée;** — vergiftet
Blanche-Neige qui la mange sans **méfiance** *f;* — ≠ la confiance
le terrible **sommeil** [sɔmɛj] de Blanche-Neige — le temps où l'on dort
et **le** grand **chagrin** des nains; — la peine, la tristesse
le jeune prince qui sauve Blanche-Neige et la
belle fête de **leurs noces** *f.* — leur mariage

La belle histoire de Blanche-Neige

Il était une fois un pays merveilleux où les femmes avaient pris leur revanche sur les hommes, elles pouvaient enfin devenir maçons, plombiers ou champions de boxe et laissaient à leurs maris le soin de s'occuper des enfants et de faire le ménage.

La présidente de la République était une femme remarquable qui luttait officiellement pour l'égalité des sexes, disant que si on donne aux garçons les mêmes chances qu'aux filles, il n'y a pas de raison pour qu'ils ne réussissent pas tout aussi bien.

Ceci dit, au fond d'elle-même, elle conservait quelque doute sur la valeur masculine, car elle était une femme d'une très grande intelligence et d'une personnalité supérieure. C'est d'ailleurs à cela qu'elle devait son poste de présidente. Et comme elle ne souhaitait rien tant que d'être réélue, elle étudiait soigneusement les sondages:

– A la question: «Suis-je la personne la plus intelligente du pays?»

– 87% des gens interrogés répondent: «Oui, madame la présidente.»

– A la question: «Ai-je la cervelle la mieux faite?»

– 78% répondent: «Sans aucun doute, madame la présidente.»

Et ainsi de suite, jusqu'au jour où le sondage répondit:

– Non, madame la présidente, vous n'êtes pas la plus intelligente, car Blanche-Neige l'est autant que vous – et en plus, elle est belle!

C'était là, vraiment, un bien mauvais résultat et même assez désagréable. La présidente fit aussitôt venir un homme qui travaillait au palais comme «bon à tout faire» et lui ordonna, pleine de rage, de se

---

merveilleux,-se wunderbar
un maçon ouvrier qui construit des bâtiments
un plombier Installateur
laisser à qn le soin de faire qc es jdm überlassen, etw. zu tun

le doute Zweifel
quelque doute un certain doute
la valeur masculine les qualités des hommes (→valoir)

soigneusement sorgfältig

la cervelle Gehirn

et ainsi de suite etc.

un «bon à tout faire» →une bonne à tout faire (Haushaltsgehilfin)

37

mettre tout de suite à la recherche de Blanche-Neige
pour la tuer.

Ce «bon à tout faire» n'était pas un mauvais bougre, mais il comprit l'importance de la mission et
5 tout le profit de carrière qu'il pourrait en tirer. Il
pensa à sa pauvre femme qui était directrice d'une
chaîne de grands magasins et qui travaillait dur pour
élever leurs quatre enfants: elle serait bien contente,
bien fière, si son petit homme se distinguait un peu
10 dans son emploi! Sans compter l'augmentation de
salaire à espérer en cas de réussite.

Il dit donc: «A vos ordres, madame la présidente, je
vous apporterai le cœur de Blanche-Neige demain
sans faute avant la nuit, vous pouvez compter sur
15 moi,» et cet homme, qui s'appelait M. Catherine
Lecœur (du nom de son épouse, suivant l'usage du
pays) se mit en route sans perdre une seconde.

Il n'eut aucun problème à rencontrer Blanche-
Neige. Elle était connue comme le loup blanc, tant
20 elle était différente des autres femmes: elle ne portait
pas de lunettes, ne fumait pas la pipe ni ne passait
son temps au bistrot à jouer aux cartes. Au contraire,
elle était la plus gracieuse jeune fille qui se puisse
imaginer, d'une modestie étonnante, gentille comme
25 un cœur, toujours souriante – principalement avec
les hommes, auxquels elle ne donnait jamais le senti-
ment de leur infériorité.

Bref, Blanche-Neige était unique, et tout le monde
pouvait vous dire où la trouver.

30 «Bonjour, mademoiselle Blanche-Neige, lui dit
M. Lecœur en s'adressant à elle, quelle belle journée,
n'est-ce pas?»

A quoi il lui fut répondu avec un charmant sourire
qu'effectivement c'était un très beau jour, et que la
35 belle saison semblait prendre un bon départ.

M. Lecœur encouragé par cet accueil proposa une
petite promenade. Les voilà donc lui et Blanche-
Neige bras dessus bras dessous, marchant dans la rue
sous le soleil qui chauffait le ciel ce matin-là. Il offrit
40 à la jeune fille une glace à la vanille, puis l'emmena
faire un tour en canot sur le lac où il pensait pouvoir

---

un bougre *fam* type

une chaîne Kette

sans faute c'est sûr,
sans mentir

l'époux *m*, **l'épouse** *f*
le mari, la femme
l'usage *m* Brauch

un loup [lu] Wolf

ne … pas … ni weder
… noch

principalement surtout

l'infériorité *f* ≠ la
supériorité (→supérieur)
unique *ici:* incompa-
rable (einzigartig)

encourager qn donner
du courage à qn

**marcher bras dessus
bras dessous** marcher
en se donnant le bras

la tuer sans être vu. Mais à vrai dire, à mesure que passaient les quarts d'heure, la gentillesse de Blanche-Neige lui ôtait tout courage (on a dit que c'était un bon bougre), et il se sentait de plus en plus
5 malheureux à l'idée que tout à l'heure il lui faudrait tuer sa victime.

Pour finir, il dit, n'en pouvant plus:
– Mademoiselle Blanche-Neige, je suis chargé de vous supprimer. C'est la présidente qui le veut. Mais
10 vous êtes si mignonne que je ne m'en sens pas la force. La situation est grave! Je vous en prie, sauvez-vous vite et ne revenez plus!

Blanche-Neige se sauva donc et M. Lecœur, de son côté, passa à la boucherie avant de rentrer au palais et
15 acheta un cœur de veau. Il l'apporta à la présidente sur un coussin de velours, et la présidente, qui n'était pas très forte en biologie, ne remarqua rien: elle prit ce cœur pour celui qu'elle attendait.

Elle félicita M. Lecœur et dit qu'il était un exemple
20 pour tous et que si tous les autres hommes étaient comme lui la vie serait tellement plus simple (mais ce fut tout, elle ne parla pas d'augmentation de salaire).

Cependant, Blanche-Neige s'était enfoncée dans la
25 forêt et avait couru droit devant elle pendant des heures, si bien que vers le soir elle atteignit une clairière où était une petite maison, entourée d'un joli jardin fleuri.

Blanche-Neige était morte de fatigue et de faim.
30 Elle frappa à la porte, comptant demander asile. Mais personne ne répondit. Comme la porte n'était pas fermée à clé, elle entra. Elle alla dans la cuisine, but un grand verre d'eau et mangea tout ce qu'il y avait dans le frigidaire. Après quoi, elle s'installa conforta-
35 blement sur le grand canapé devant la cheminée, et bientôt s'endormit.

Lorsque les habitants de la maison revinrent, la vue de cette personne du sexe féminin installée chez eux sur le canapé leur fit d'abord extrêmement peur.
40 C'était là une petite bande d'hommes des temps anciens qui avaient fui la civilisation moderne et qui

---

à mesure que in dem Maße wie

ôter qc à qn enlever qc à qn

un veau Kalb

un coussin Kissen
le velours Samt

féliciter qn de qc dire à qn qu'on admire ce qu'il a fait

si bien que so daß

fleuri,e voller Blumen, blühend (→la fleur)

compter [kõte] **faire qc** beabsichtigen, etw. zu tun

un frigidaire Kühlschrank (→un frigo)

étaient venus se réfugier au milieu de cette forêt, où
ils vivaient hors la loi: ils n'aimaient pas beaucoup
les visites imprévues. Ils craignirent que Blanche-
Neige soit quelque inspecteur des impôts ayant fini
5   par retrouver leur trace, ou quelque policier ou quelqu'un d'autre de plus abominable encore. Après avoir
réfléchi, ils prirent la décision de s'approcher d'elle à
pas de loup et de la tuer.

Dieu merci, quand ils furent au-dessus d'elle, ils
10 reconnurent Blanche-Neige, dont la renommée leur
était parvenue, et, la trouvant extrêmement jolie, ils
changèrent d'avis.

Ils réveillèrent la dormeuse avec une infinie dou-
ceur, lui passèrent des vêtements propres et l'instal-
15 lèrent dans la plus belle et la plus claire de leurs
chambres, et la gardèrent désormais avec eux. C'est
ainsi que Blanche-Neige devint le chef des brigands
de la forêt.

Hélas! un beau jour, la présidente, informée par ses
20 services d'espionnage, sut que Blanche-Neige n'était
pas morte, mais au contraire bien vivante, et même
en grande forme (effet de la vie en plein air) et qu'elle
se cachait dans la forêt où elle avait pris la tête de
ces messieurs lassés de la dictature des femmes et
25 désireux de la combattre. La situation était inquié-
tante.

Ayant, premièrement, fait exécuter le malheureux
M. Lecœur, la présidente se déguisa deuxièmement
en pauvre bûcheronne et se rendit dans la forêt, près
30 de la petite maison, faisant semblant de chercher du
bois. Elle y aperçut Blanche-Neige qui était toute
seule en train de prendre un bain de soleil allongée
sur une serviette au milieu de la clairière. Et, tirant
de dessous ses vêtements une grosse pomme:
35 – Tiens, voici un beau fruit que j'ai apporté pour toi,
mon enfant, dit la présidente d'un ton de bonne
grand-mère. Tu dois avoir soif, sous ce soleil!

Blanche-Neige, sans méfiance à cause de son gentil
caractère, accepta en remerciant. La pomme était
40 empoisonnée! Dès qu'elle y eut planté ses dents,
elle s'endormit d'un terrible sommeil d'où ses

---

hors [ɔr] **la loi** vogelfrei

les impôts [ɛ̃po] *m* l'argent qu'on doit payer à
l'Etat
une trace Spur
abominable schreck-
lich
à pas de loup sans faire
de bruit
la renommée réputation
parvenir à qn atteindre
qn

un brigand *vx:* voleur,
bandit; *ici:* un rebelle

vivant,e ≠ mort

prendre la tête de
devenir le chef de
être lassé,e de en avoir
assez/être fatigué de

40

compagnons, à leur retour de la chasse, ne purent la tirer.

Ils en eurent un chagrin énorme, et ce chagrin criait vengeance. Ils prirent les armes et ce fut la guerre civile. Au commencement, les rebelles, inférieurs en nombre, armés seulement de bâtons, eurent plutôt le dessous. Mais bientôt leurs muscles d'hommes se montrèrent supérieurs à la stratégie des femmes et d'autre part chaque mari dans le pays commençait à relever la tête: plantant là balai-brosse et serpillière, il se ralliait aux maquisards, dont les rangs ne cessaient de grossir.

Pour finir, ce fut le triomphe de la révolution, et les hommes occupèrent le palais et prirent les commandes de l'Etat. La présidente s'enfuit par la porte de service et passa en Amérique du Sud grâce à un faux passeport et à une barbe postiche.

Blanche-Neige, qui dormait toujours, fut installée au centre de la capitale, sur la grand-place, sous un arc de triomphe construit spécialement, et tous les citoyens et citoyennes vinrent en procession déposer des bouquets de fleurs au pied du monument.

Le huitième jour, un jeune homme, très beau, très élégant, s'approcha de la jeune fille. Il était très pâle. Il monta les marches du monument et, se penchant sur le visage de Blanche-Neige, il l'embrassa sur le front.

Alors, comme on pouvait s'y attendre, la jeune fille revint à elle.

La fête qui fut organisée pour son mariage avec le beau jeune homme dura six jours et six nuits, au cours desquels on dansa énormément et mangea encore plus. On chanta et but sans arrêt. Après quoi, les jeunes mariés prirent l'avion pour Venise, où leur était retenue une suite au Gritti Palace Hôtel. Ils revinrent de voyage de noces trois semaines plus tard, souriants et bronzés.

Depuis lors, les femmes de ce pays sont restées très amoureuses de leurs maris, qui le leur rendent bien,

---

crier vengeance f nach Rache schreien

un bâton Stock
avoir le dessous être inférieur
plutôt eher

un maquisard Partisan, Widerstandskämpfer
se rallier aux maquisards devenir maquisard à son tour
cesser arrêter, finir

une barbe postiche fausse barbe

se pencher sur sich beugen über

Venise Venedig
retenir réserver
le Gritti Palace Hôtel nom d'un hôtel de luxe
bronzer brunir au soleil

depuis lors [lɔr] seit dem

41

d'où un grand nombre de naissances d'enfants, élevés dans le bonheur. Tout cela forme un peuple constamment aux anges, qui se passe de génération en génération la belle histoire de Blanche-Neige.

un ange Engel
être aux anges nager dans le bonheur

5   L'anniversaire de l'exécution de M. Lecœur a été déclaré jour férié. L'ex-présidente, elle, est redevenue présidente, car elle a pris le pouvoir quelque part du côté de l'Uruguay. Mais ses ambassadrices ont toujours été bien reçues au pays de Blanche-Neige.

un jour férié Feiertag
du côté de pas loin de
un ambassadeur, une ambassadrice représentant d'un pays auprès d'un Etat étranger

10 Philippe Dumas et Boris Moissard, *Contes à l'envers* (texte légèrement adapté.) © L'école des loisirs, Paris.

Vocabulaire thématique:
Connaissez-vous les chats?

Texte → page 44

Tantôt …	Parfois …
ils viennent **se blottir contre** vous,	sich anschmiegen an
ils se laissent **caresser,**	liebkosen, streicheln
ils **ronronnent,**	schnurren
ils vous **lèchent** la main (lécher),	lecken
ils vous permettent de toucher leurs **pattes** *f*,	leurs jambes/pieds (d'animal)
tellement ils **apprécient** d'être près de vous.	ils aiment beaucoup
et **tantôt …**	parfois …
ils redeviennent **sauvages:**	wild
ils **se dérobent à**	ils évitent
vos **caresses** *f*,	Liebkosungen
ils sortent leurs **griffes** *f*,	leurs ongles (d'animal)
ils vous **donnent** même **un coup de griffes.**	einen Krallenhieb versetzen, kratzen
Les chats sont **prudents** et toujours **aux aguets** [ozagɛ]	vorsichtig wachsam, lauernd
Ils vont et viennent **silencieusement** et ils **observent** tout.	sans faire de bruit (→le silence) ils regardent avec attention
On peut les **apprivoiser** jusqu'à un certain point, mais on ne peut pas les **dresser.**	zutraulich machen dressieren
Le chat est un animal **indomptable** [ɛ̃dõtabl], il ne devient jamais **soumis.**	qu'on ne peut pas apprivoiser unterwürfig; ≠ indépendant;

Anne-Marie C. Damamme

Notice biographique

Anne-Marie C. Damamme est née en 1929 et vit à Rouen. Elle est écrivain et auteur de nombreux scénarios pour la télévision et le cinéma.
  «Un parfum de tabac blond», recueil de nouvelles dont est tiré le texte que nous présentons, a gagné également, en France, la faveur du public.

Un souvenir d'enfance

Quand Simon était certain que ni maman, ni grand-mère, ni personne ne le voyait, il prenait la petite allée qui descendait derrière les lauriers et cassis-fleurs.
5 Il s'asseyait sous les charmes qui se réunissaient comme un toit de feuillage. C'était *sa* maison.
Il s'asseyait.
Il attendait.
Quelquefois, son attente était vaine, et il rentrait, 10 déçu, à la maison. Mais, souvent il le voyait arriver. Silencieux … Oh, silencieux!
Noir, maigre, l'air toujours aux aguets, regardant autour de lui de ses larges yeux jaunes … les premières fois, il avait fui à la seule vue de Simon.
15 Celui-ci restait immobile et attendait, fixant le visiteur de ses grands yeux gris.
Un jour, le chat ne s'était pas sauvé … Tous deux s'étaient observés dans le plus grand silence, aussi pétrifiés l'un que l'autre.
20 Vint le jour où le chat s'approcha de l'enfant, puis le jour où Simon, avançant une main prudente, et même un peu craintive, effleura le dos du chat. Et voici que Simon entendit un bruit sourd, régulier, rassurant.
25 Non seulement le chat ne s'était pas dérobé à cette caresse, mais il l'avait appréciée puisqu'il ronronnait!
Pendant plusieurs jours, Simon ne souffla mot à quiconque de son nouvel ami. C'était une telle aven-30 ture!
Tantôt le chat était une dangereuse panthère noire que, seul, Simon avait su apprivoiser. Tantôt c'était comme dans les contes un «prince changé» qui retrouverait son royaume. Mais toujours, le chat 35 était un ami, son seul ami.

44

Oh, les relations n'étaient pas toujours faciles! Parfois, sans raison, le chat donnait un coup de griffe … Parfois il restait plusieurs jours sans venir … ou se sauvait à peine arrivé …

à peine kaum

5 Mais il y avait des moments très doux quand le chat se blottissait contre le petit garçon, posant ses pattes sur les épaules de Simon et glissant sa tête sous le menton de l'enfant. Un soir, Simon ne put résister et quand sa mère vint le border comme elle

le menton Kinn
résister standhalten
(→la résistance)
border qn bien couvrir
qn qui est couché dans
son lit

10 en avait l'habitude, il murmura:

– Tu sais, maman, moi, j'ai un chat!

– Un chat, mon amour? Comment cela? Quel chat?

– Oh, un très très beau chat, tout noir.

La mère sourit, amusée de l'air grave du petit gar-

murmurer *ici:* ganz
leise sagen
grave ernst(haft)

15 çon.

– Eh bien, invite ton chat à me rendre visite!

Simon prit un air important.

– Je ne crois pas que ce soit possible … Tu vois, maman, c'est un chat SAUVAGE!

20 – Merveilleux! Mais avec toi, il n'est pas trop … «sauvage»?

merveilleux,-euse
wunderbar

Simon sourit avec bonheur.

– Avec moi, il est très gentil, très beaucoup!

Après ces confidences, Simon s'endormit …

une confidence fait de
raconter un secret à qn

25 Cependant les vacances s'écoulaient et on ne tarderait pas à fermer la vieille maison jusqu'au prochain été. Simon était de ces enfants heureux qui sont joyeux à la fin des classes mais pas mécontents de reprendre le chemin de l'école.

s'écouler *ici:* se passer
**ne pas tarder à faire
qc** etw. bald tun
joyeux,-se content
(→la joie)
mécontent,e ≠ content

30 Mais cette année, tout était différent puisqu'un chat était entré dans sa vie.

Maman avait bien proposé de l'emmener à Paris, mais Simon savait que le chat ne pourrait vivre dans un appartement.

35 Simon parlait longuement au chat, tout en le caressant.

– Je reviendrai, je te le jure. Mais toi, ne m'oublie pas … Je serais si malheureux si je te perdais!

jurer qc à qn schwören

Le chat ronronnait et semblait comprendre les

40 paroles de l'enfant.

45

Quelques jours avant le départ, en arrivant à «sa» maison de verdure, Simon vit avec stupéfaction un chien qui semblait l'attendre. Simon essaya de le chasser: ce chien stupide et vulgaire allait empêcher
5 le chat de se montrer. Le chien acceptait les injures et ne bougeait pas.

Exaspéré, Simon alla jusqu'à lui donner un coup de pied. Mais le chien revint aussitôt se frotter contre lui.

10 Simon le regarda avec colère et dégoût, et dit d'une voix frémissante:

– Va-t'en! Va-t-en, sale bête!

Et soudain, il vit que le chien avait de larges yeux jaunes barrés d'un trait vertical ... des yeux qu'il con-
15 naissait et que ... que ...

Simon courut jusqu'à la maison et pleura long-temps sans vouloir être consolé.

Ce fut beaucoup plus tard qu'il demanda à sa mère.

– Tous les êtres vivants peuvent-ils changer?
20 – Que veux-tu dire?

– Eh bien ... par exemple, un être fier, sauvage, soli-taire peut devenir soumis, banal, ressembler à tous les autres?

– Hélas! on le voit tous les jours ... Mais pourquoi
25 me parles-tu de cela?

– Oh, pour rien ... Je pensais à un chat noir, maigre, méchant parfois, mais qui semblait libre et indomp-table ...

– Et alors?
30 – Il est devenu un chien!

Simon eut un rire bref.

– Un chien, un «toutou» bien dressé qui fait le beau pour avoir un sucre et lèche la main de ses maîtres ...

– Un chat changé en chien? Non, Simon, là tu
35 fabules!

Elle se mit à rire, mais Simon, lui, ne riait pas.

Anne-Marie C. Damamme, *Un parfum de tabac blond.*
© Actes Sud, Arles

---

la maison de verdure Baumhaus (→vert,e)
la stupéfaction le grand étonnement
une injure une insulte

exaspéré,e très en colère
aller jusqu'à faire qc soweit gehen, etw. zu tun
le dégoût, l'aversion (Ekel)
frémir vibrer, trembler
une bête un animal
soudain tout à coup
barré,e ≠ ouvert; *ici:* durchgestrichen, verse-hen (mit)

consoler qn trösten

un être vivant Lebewe-sen

solitaire qui vit seul

un toutou *langue enf.:* chien (Wauwau)
faire le beau Männchen machen
fabuler raconter des histoires qui ne sont pas vraies (→la fable)

Michel Tournier

Notice biographique

Michel Tournier est né le 19 décembre 1924 à Paris de parents universitaires et germanistes, d'où son penchant profond pour l'Allemagne.

Après des études de philosophie, effectuées en partie en Allemagne, à Tübingen entre autres, il consacre sa vie à la littérature. Il vit dans un vieux presbytère, à Choisel, à une trentaine de kilomètres de Paris. Il aime beaucoup voyager.

En 1967, il publie son premier roman, «Vendredi ou les limbes du Pacifique», pour lequel il reçoit le Grand prix du roman de l'Académie française, et en 1970, il obtient le prix Goncourt pour «Le Roi des Aulnes».

En 1972, Tournier devient membre de l'académie Goncourt. En 1989, il publie le recueil de nouvelles intitulé «Le Médianoche amoureux» d'où est tiré le récit que nous présentons.

Partant souvent de mythes et de contes populaires, Michel Tournier essaie de les transformer en leur donnant un contenu nouveau et actuel, tout en se servant de formes littéraires traditionnelles.

Vocabulaire thématique: La prison

1. Le centre pénitentiaire/le pénitencier
 — **les sas** [sa:s] *m*
 qu'il faut **franchir**
 — **les couloirs** *m*
 qui sentent **l'encaustique** *f;*
 — **la cage d'escalier** où on a tendu des filets
 pour **prévenir**
 les tentatives *f* **de suicide** *m;*
 — **les cellules** *f* **des détenus** *m;*
 — **la chapelle** où, le dimanche, ils
 se réunissent pour la messe (se réunir);
 — **les gardiens** *m* qui les surveillent
 attentivement et, de temps en temps,
 un visiteur pénitentiaire;

	la prison (Haftanstalt)
	Schleusen
	überschreiten; passieren
	Flur
	Bohnerwachs
	Treppenhaus
	vorbeugen
	Selbstmordversuche
	Zellen der Gefangenen
	petite église
	sich versammeln
	Wärter
	avec attention
	homme qui s'occupe des problèmes personnels des détenus (Sozialarbeiter)

2. Les détenus
 les criminels de tous les âges,
 notamment/particulièrement les jeunes
 le hold-up [lɔɔldœp]
 la prise d'otages *m,*
 dont ils ont été **accusés** et
 qui **leur ont valu** des années de prison;

	surtout (besonders)
	bewaffneter Überfall
	Geiselnahme
	angeklagt
	qui ont eu, pour eux, pour conséquence

3. L'atelier *m* **de menuiserie**
 où ils apprennent à **travailler le bois,**
 ce qui pourra leur être **utile** un jour,
 quand ils seront **en relaxe** *f;*
 les copeaux *m* et **la cire;**
 les heures **solitaires** dans la cellule;
 les visites et la possibilité de **s'entretenir**
 avec un ami ou avec quelqu'un de sa famille;

	Schreinerwerkstatt
	Holz bearbeiten
	nützlich
	≠ en prison
	Späne – Wachs
	ici: passées tout seul
	parler, discuter

4. Les formalités
 auxquelles sont exposées les visiteurs:
 — se faire **confisquer** ses papiers,
 — **le jeton numéroté** qu'on reçoit
 à la place,
 — **le détecteur de métaux** qu'ils passent sur vos vêtements;
 l'arrière-goût *m* **âpre** qu'on garde de la visite.

	prendre (abnehmen, einziehen)
	pièce plate qui porte un numeró
	Metallsuchgerät
	bitterer Nachgeschmack

5. Les détenus politiques

Dans les Etats totalitaires, on risque
d'**être poursuivi** si on critique le régime.　　verfolgt werden
On peut **être persécuté**　　　　　　　　　　(grausam) verfolgt werden
pour des **délits** m comme　　　　　　　　　　Straftat, Delikt
– **le refus de se soumettre** à　　　　　　　　Weigerung, sich zu unterwerfen
　l'ordre établi　　　　　　　　　　　　　　bestehende Ordnung
– **la remise en cause** de la politique du régime　Infragestellung
– **la contestation** de l'ordre établi　　　　　　Protest gegen
– **l'appel** [apɛl] m **à la révolte**　　　　　　Aufforderung zur Revolte
– **l'appel au désordre,**　　　　　　　　　　　öffentliche Unruhestiftung
bref, parce qu'on **dérange** et **incommode**　stören – belästigen
la société et qu'on **défie** ainsi　　　　　　　herausfordern
les forces f **d'ordre,**　　　　　　　　　　Ordnungsmacht
les forces **conservatrices** (m conservateur).　konservativ

Ecrire debout

debout aufrecht, stehend

Le visiteur pénitentiaire du centre de Cléricourt m'avait prévenu: «Ils ont tous fait de grosses bêtises: terrorisme, prises d'otages, hold-up. Mais en dehors de leurs heures d'atelier de menuiserie, ils ont lu
5 certains de vos livres, et ils voudraient en parler avec vous.» J'avais donc rassemblé mon courage et pris la route pour cette descente en enfer. Ce n'était pas la première fois que j'allais en prison. Comme écrivain, s'entend, et pour m'entretenir avec ces lecteurs parti-
10 culièrement attentifs, des jeunes détenus. J'avais gardé de ces visites un arrière-goût d'une âpreté insupportable. Je me souvenais notamment d'une splendide journée de juin. Après deux heures d'entretien avec des êtres humains semblables à moi, j'avais
15 repris ma voiture en me disant: «Et maintenant on les reconduit dans leur cellule, et toi tu vas dîner dans ton jardin avec une amie. Pourquoi?»

On me confisqua mes papiers, et j'eus droit en échange à un gros jeton numéroté. On promena un
20 détecteur de métaux sur mes vêtements. Puis des portes commandées électriquement s'ouvrirent et se refermèrent derrière moi. Je franchis des sas. J'enfilai des couloirs qui sentaient l'encaustique. Je montai des escaliers aux cages tendues de filets, «pour préve-
25 nir les tentatives de suicide», m'expliqua le gardien.

Ils étaient réunis dans la chapelle, certains très jeunes en effet. Oui, ils avaient lu certains de mes livres. Ils m'avaient entendu à la radio. «Nous travaillons le bois, me dit l'un d'eux, et nous voudrions
30 savoir comment se fait un livre.» J'évoquai mes recherches préalables, mes voyages, puis les longs mois d'artisanat solitaire à ma table (manuscrit = écrit à la main). Un livre, cela se fait comme un meuble, par ajustement patient de pièces et de morceaux.
35 Il y faut du temps et du soin.

Cléricourt ville de la banlieue parisienne
prévenir qn warnen

l'enfer [lɑ̃fɛr] *m* Hölle

insupportable unerträglich
splendide très beau/belle
un être humain menschliches Wesen
semblable à moi comme moi

avoir droit à qc einen Anspruch auf etw. haben
j'eus droit à *ici:* on me donna

enfiler qc *ici:* entrer dans qc

évoquer qc *ici:* parler de qc
préalable vorangehend
l'ajustement *m* Einpassen, Justieren
patient,e [pasjɑ̃] geduldig
le soin *ici:* l'attention (Sorgfalt)

– Oui, mais une table, une chaise, on sait à quoi ça
sert. Un écrivain, c'est utile?

Il fallait bien que la question fût posée. Je leur dis
que la société est menacée de mort par les forces
5 d'ordre et d'organisation qui pèsent sur elle. Tout
pouvoir – politique, policier ou administratif – est
conservateur. Si rien ne l'équilibre, il engendrera une
société bloquée, semblable à une ruche, à une fourmilière, à une termitière. Il n'y aura plus rien d'hu-
10 main, c'est-à-dire d'imprévu, de créatif parmi les
hommes. L'écrivain a pour fonction naturelle d'allu-
mer par ses livres des foyers de réflexion, de contestation, de remise en cause de l'ordre établi. Inlassable-
ment il lance des appels à la révolte, des rappels au
15 désordre, parce qu'il n'y a rien d'humain sans création, mais toute création dérange. C'est pourquoi il
est si souvent poursuivi et persécuté. Et je citai François Villon*, plus souvent en prison qu'en relaxe,
Germaine de Staël, défiant le pouvoir napoléonien et
20 se refusant à écrire l'unique phrase de soumission
qui lui aurait valu la faveur du tyran, Victor Hugo,
exilé vingt ans sur son îlot. Et Jules Vallès, et Soljenitsyne et bien d'autres.

– Il faut écrire debout, jamais à genoux. La vie est un
25 travail qu'il faut toujours faire debout, dis-je enfin.

L'un d'eux désigna d'un coup de menton le mince
ruban rouge de ma boutonnière.

– Et ça? C'est pas de la soumission?

La Légion d'honneur**? Elle récompense, selon
30 moi, un citoyen tranquille, qui paie ses impôts et
n'incommode pas ses voisins. Mais mes livres, eux,
échappent à toute récompense, comme à toute loi. Et
je leur citai le mot d'Erik Satie. Ce musicien obscur
et pauvre détestait le glorieux Maurice Ravel qu'il

équilibrer qc ausgleichen
engendrer qc hervorbringen
bloqué,e *ici:* mit erstarrten Strukturen
une ruche Bienenstock
une fourmilière [-miljɛr] Ameisenhaufen
une termitière [-tjɛr] Termitenhügel
un foyer *ici:* Zentrum
la réflexion →réfléchir
inlassable sans arrêt
un rappel *ici:* un appel

unique einzig
la soumission → se soumettre
la faveur Gunst
un îlot [ilo] une petite île; *ici:* l'île de Jersey

à genoux *m* auf den Knien
désigner qn/qc *ici:* auf jdn/etw. deuten
mince schmal

selon moi à mon avis
tranquille [-kil] *ici:* calme et équilibré
échapper à qc sich einer Sache entziehen
obscur,e *ici:* difficile à comprendre; ≠ clair;
glorieux,euse ruhmreich (→ la gloire)

---

* Pour François Villon et les autres personnages cités dans le texte → page 53.

** L'ordre (Orden) de la Légion d'honneur a été créé par Bonaparte, en 1802, en
récompense (Belohnung) de services militaires et civils.
Son insigne, c'est une étoile à cinq branches. Les personnes qui ont été décorées
de la Légion d'honneur ont le droit de porter un petit ruban (Band) rouge à la
boutonnière (Knopfloch) de leur veste.

accusait de lui avoir volé sa place au soleil. Un jour
Satie apprend avec stupeur qu'on a offert la croix de
la Légion d'honneur à Ravel, lequel l'a refusée. «Il
refuse la Légion d'honneur, dit-il, mais toute son
5 œuvre l'accepte.» Ce qui était très injuste. Je crois
cependant qu'un artiste peut accepter pour sa part
tous les honneurs, à condition que son œuvre, elle,
les refuse.

On se sépara. Ils me promirent de m'écrire. Je n'en
10 croyais rien. Je me trompais. Ils firent mieux. Trois
mois plus tard, une camionnette du pénitencier de
Cléricourt s'arrêtait devant ma maison. On ouvrit les
portes arrière et on en sortit un lourd pupitre de
chêne massif, l'un de ces hauts meubles sur lesquels
15 écrivaient jadis les clercs de notaires, mais aussi Balzac, Victor Hugo, Alexandre Dumas. Il sortait tout
frais de l'atelier et sentait bon encore les copeaux et
la cire. Un bref message l'accompagnait: «Pour écrire
debout. De la part des détenus de Cléricourt.»

Michel Tournier, *Le médianoche amoreux.*
© Editions Gallimard, Paris.

---

la stupeur l'étonnement profond (Bestürzung)

injuste ungerecht

pour sa part für seinen Teil

à condition que + *Subj.* unter der Bedingung, daß

se séparer se quitter

un pupitre Stehpult

le chêne Eiche(nholz)

jadis [ʒadis] autrefois

un clerc [klɛr] Kanzleischreiber

un notaire Notar

bref, brève kurz

Les personnages cités dans le texte

François Villon [vijõ] (1431–1463), poète français qui mena une vie aventureuse.

Germaine de Staël [stal] (1766–1817), écrivain français qui, sous Napoléon, émigra et parcourut l'Europe.

Victor Hugo (1802–1885), écrivain et homme politique français qui a écrit de belles poésies, des romans et des pièces de théâtre. Partageant les idées républicaines, il quitta la France en 1851 et n'y revint qu'en 1870.

Jules Vallès [valɛs] (1832–1885), écrivain et journaliste français qui, après la guerre de 1870–71, s'engagea passionnément pour les réformes politiques et sociales que le gouvernement provisoire de la *Commune* annonçait.

Honoré de Balzac [balzak] (1799–1850), écrivain français et auteur de nombreux romans dans lesquels il décrit la société française de son époque.

Alexandre Dumas [dyma] (1802–1870), écrivain français, auteur de drames et de romans.

Erik Satie [sati] (1866–1925), compositeur français peu connu à son époque.

Maurice Ravel (1875–1937), le plus classique des compositeurs modernes français.

Alexandre Soljenitsyne [sɔlʒenitsin] (né en 1918), écrivain soviétique qui, dans son œuvre, critique le régime soviétique. Prix Nobel en 1970.

Vocabulaire de l'explication de texte

Erzählform – Le genre narratif

Kurzformen – Les formes brèves du genre narratif

Kurzgeschichte, Erzählung	**un récit:** un récit fantastique, absurde, humoristique, réaliste, historique, d'aventures, policier, de science-fiction, etc.
Kurzgeschichte, Novelle	**une nouvelle** = un récit relativement court, comportant en général peu de personnages.
Erzählung, Märchen	**un conte** = un récit fictif, parfois à caractère fantastique.
Märchen	**un conte de fées** = un récit fantastique.
Fabel	**une fable** = un petit récit en vers ou en prose, qui introduit ou illustre une morale.

Text, Thema, Titel – Texte, thème, titre

Text	**le texte:** le texte est peu compréhensible, facile à comprendre, intéressant, passionnant, convaincant, présente quelques aspects intéressants, (ne) comporte (pas) trop d'invraisemblances, de lieux communs, présente de nombreuses difficultés, est (toujours) d'une certaine, grande actualité.
Inhalt	**le contenu, le fond**
Form	**la forme:** le texte se présente sous la forme d'un monologue, sous forme de dialogues, etc.
Thema	**le thème/le sujet:** l'idée principale, centrale, générale du texte; le texte a pour thème/sujet…, il traite (de), parle de, évoque/aborde le problème de …; il s'agit d'un texte sur/concernant …
Titel	**le titre:** le texte a pour titre, s'intitule, est intitulé …; le titre évoque qc, attire l'attention sur qc; il éveille/pique la curiosité du lecteur, est bien, mal choisi.

Die Handlung und ihr Rahmen – L'action et son cadre

Handlung	**l'action** *f:* l'action se passe, se déroule, a lieu, se précipite; elle est compliquée, confuse, (in-)vraisemblable, émouvante, captivante *(fesselnd)*, spectaculaire, etc.
Handlungsablauf	**l'intrigue** *f:* l'intrigue se (dé-)noue, est centrée autour de …
Handlungsort, Rahmen	**le cadre/le décor:** tel environnement constitue le cadre, le décor du récit; décrire un décor; fixer le cadre du récit.
Atmosphäre	**l'atmosphère** *f:* l'atmosphère est tendue/détendue, fantastique.
Situation	**une situation:** une situation quotidienne, inattendue, embrouillée *(verwickelt)*, fantastique, absurde; un retournement de situation = un coup de théâtre *(Knalleffekt ↓).*
Ereignis	**un événement:** un événement imprévu, malencontreux *(unglücklich)*, grave; un événement survient, arrive, se déroule, a lieu.
Konflikt	**un conflit:** un conflit prend naissance, s'amorce *(entsteht)*, s'aggrave, se résout; être, entrer en conflit avec qn.

Knalleffekt	**un coup de théâtre** = un brusque changement de situation.
Beweggrund	**un mobile** = la cause d'une action.
Grund	**un motif** = la raison d'un acte, d'un comportement.

Personen – Les personnages

Person	**un personnage:** un personnage très typé, hors du commun, tragique, comique, énigmatique *(rätselhaft)*, diabolique, etc.
Protagonist	**un/une protagoniste**
Hauptperson	**le personnage principal**
Held	**le héros/l'héroïne** = le personnage principal.
Personen-beschreibung	**un portrait:** tracer, faire le portrait physique/moral d'un personnage.
das Äußere	**le physique:** être, avoir l'air, sembler, paraître solide, robuste, chétif *(schwächlich)*, maladif, etc.
Charakter	**le caractère:** avoir bon/mauvais caractère, un caractère froid, flegmatique, exubérant *(überschwenglich)*, passionné, complexe, etc.
Charakterzug	**un trait de caractère**
Verhalten	**le comportement** = la façon d'agir.

Autor, Erzähler – L'auteur, le narrateur

Autor	**l'auteur** *m* = la personne qui écrit le récit; l'auteur présente un rapport objectif sur/concernant qc, il montre, démontre, prouve, apporte la preuve que …; il dénonce, démasque …; il présente sa vision du monde, la société; il crée, évoque, dépeint un monde/un univers réaliste, imaginaire, idéalisé, angoissant, tragique. Marguerite Duras est un auteur très connu.
Erzähler	**le narrateur, la narratrice** = la personne qui raconte l'histoire.

Struktur, Aufbau – La structure

Gliederung	**la composition:** le texte se compose de, est composé de, comprend, peut être divisé en plusieurs parties.
Einleitung	**l'exposition** *f* = l'introduction *f*.
Entwicklung	**le développement:** le développement de l'action (↑), de l'intrigue (↑).
Überleitung	**la transition:** la transition est brusque, imperceptible *(unmerklich)*; passer sans transition d'une idée à une autre.
dramatische Spannung	**la tension dramatique:** la tension monte, augmente, diminue.
Steigerung	**l'intensification** *f:* l'intensification de la tension dramatique.
Höhepunkt	**le point culminant:** le point culminant est atteint lorsque la tension dramatique est la plus forte.

Krise	**la crise** = le point culminant du conflit (↑), après lequel l'intrigue (↑) se dénoue.
Lösung, Schluß	**le dénouement:** un dénouement prévisible, brusque, inattendu.

Sprache und Stil – La langue et le style

Sprache	**la langue**
Wortwahl	**le choix des mots**
Schlüsselwort	**le mot clé**
Begriff	**un terme**
Fachausdruck	**un terme technique**
Grundbedeutung	**le sens propre:** ce terme est employé au sens propre.
übertragene Bedeutung	**le sens figuré:** ce terme est employé au sens figuré.
bildlicher Ausdruck	**une expression imagée**
umgangssprachlich	**familier,-ière:** en français familier.
„Slang", Argot	**l'argot** *m:* en argot.
Argotausdruck	**une expression argotique**
veraltet	**vieilli,e**
gewählt	**soigné,e/recherché,e**
Stil	**le style:** le style est élégant, brillant, soigné, recherché, poétique.